KB054710

오늘
부터
경제
수업

오늘부터

부동산, 금융 연금 기본 개념부터 투자 방법까지!

경제수업

Economics

class fromee today

한재민 지음

PRISM

프롤로그

소득이 없던 취준생 시절, 과천에서 2,000만 원 짜리 전세에 살았다. 지금의 과천 위버필드 아파트다. 어느 날 집주인이 시세보다 100만 원 깎은 2,400만 원에 사지 않겠냐고 했을 때, 아버지에게 알려드렸더니 엄청나게 놀라셨다. 대출은 위험한 거라며.

그 후 서초구 한강변 아파트에 7,000만 원 전세로 살 때도 비슷한 제안이 왔었지만 나는 선택하지 못했다. 소득이 있었지만 내 연봉보다 많은 대출도 부담이었고, 무엇보다도 3,500만 원이나 되는 돈을 어떻게 대출하는지, 그런 돈을 어떻게 모아야 하는지 재테크 방법을 몰랐다.

그럼에도 불구하고 나의 꿈은 거창했다. 40대 중반에 퇴직해서 나를 키워준 학교와 사회에 거액의 기부를 하며 여유롭게 사는 것. 자본주의에서 사는 사람치곤 참 순박했다.

이 모든 것은 현실에 대한 인식과 재테크에 대한 지식이 부족한 탓이었다. 대출은 무서운 것이란 잘못된 지식, 부족한 재테크 지식도 한

뫗했겠지만, 그런 건 사회생활이라면서 얼마든지 극복할 수 있었다. 누군가 방아쇠만 당겨줬다면 말이다.

나는 지금의 내가 서른 살의 패기 넘쳤던 과거의 나와 만나길 간절히 희망한다. 나는 그에게 재테크에 대한 방아쇠를 당기는 방법과 거기에 필요한 올바른 재테크 지식을 전달해주고 싶다. 돈에 대한 잘못된 착각, 현재의 삶을 누리면서도 내일을 준비할 수 있는 재테크 방법이 있다는 것도 알려주고 싶다.

하지만 지금의 나는 그 시절로 갈 수가 없다. 그래서 이 책을 썼다. 조만간 사회생활을 하게 될 나의 소중한 딸내미와 이미 사회생활을 하고 있는 독자님을 위해.

원래 1천 페이지가 넘는 분량이었고 중수급인 1.5레벨까지 한 번에 갈 수 있도록 다뤘지만, 글로만 읽어야 하는 독자님의 난이도 조절을 위해 과감하게 삭제했다. 1장은 잘못된 재테크 고정관념을 벗겨내는 좋은 재테크 기준을, 책값을 할 만한 기본적인 통장 세팅은 2장에, 나머진 부동산과 금융에 대해 꼭 알아야 할 것만 골라서 재구성했다. 삭제된 중수급 응용 재테크 지식들은 원하는 분들에게만 별도로 드릴 생각이다. 원래 책 제목이 『내 돈 내ZIP』이었으니, 『무삭제판 내 돈 내ZIP』 또는 『감독판 내 돈 내ZIP』 정도쯤 될 것이다.

이 책에서 본 내용 중 궁금한 부분, "나는 이 정도론 안 찬다"는 분이라면, 작가 홈페이지인 mymoneynzip.modoo.at에 질문을 남겨주시길 바란다. 언제든 A/S 해드리겠다. 부동산과 금융, 그리고 세금을 다루고 있는 컨설턴트로서의 자존심이기도 하거니와 무엇보다도 이 책을 사는데 돈을 지불한 독자님의 돈값을 해야 하므로.

그동안 많은 재테크 경험을 나눠주셨던 15,000명의 시청자님과 독자님, 삶을 살아가는 방법을 돌아보게 해준 나의 딸에게 감사드린다.

한 재 민   드 림

목차

1장 돈 개념.ZIP

"이런 건 빨리 감으면서 봅시다"

6장 고급 지식.ZIP

"내 돈은 내가 관리한다"

부록

1장

돈 개념.ZIP

"
이런 건
빨리 감으면서 봅시다
"

직장인이 극복해야 할
3가지 편견

소비에도 정답이 있다는 편견

여기 2,000만 원으로 살 수 있는 두 개의 아이템이 있다. 직장인들에게 이 중에서 가장 가치 있는 것을 딱 하나만 사라고 한다면 무엇을 고를까? 왜 그런 선택을 했는지 물어본다면 어떤 결과가 나올까? 내 의견은 잠시 보류하고 남들이 어떻게 고를지 우선 짐작해 보자.

명품 가방

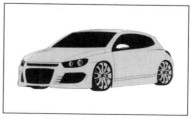

자동차

대부분 오른쪽의 자동차를 구매하는 것에 쓰겠다고 대답한다. 혹시 그 돈으로 왼쪽의 명품 가방을 사는 것은 어떻겠냐고 되묻는다면 어리둥절한 표정으로 바라볼 것이다. 나이든 분들이거나 재테크 전문가라면 아주 혹독한 말로 비난할지도 모르겠다.

그러나 누군가는 2,000만 원짜리 가방을 사는 것이 더 가치가 있다고 생각한다. 내 손에 쥐었을 때 나를 신데렐라로 만들어주는 그야말로 왕자님과 같은 존재라고 느낄 수도 있다. 호텔에 가도 음식점에 가도, 심지어 미팅에 나가도 나에 대한 대우는 확실히 달라진다. 2,000만 원짜리 자동차로는 어림도 없다. 심지어 명품 가방은 자동차에 비해 경제적이기까지 하다.

3년 후 자산 가치 비교

2,000만 원 명품 가방	2,000만 원 자동차
1,500~2,500만 원 순자산 가치 보유비, 유지비, 세금 없음	400~500만 원 순자산 가치 취득세: 140만 원 / 감가상각: 1,000만 원 3년간 세금,보험료,유지비: 500만 원

우리는 대입 수능부터 소비까지 알게 모르게 A=B 라는 식의 주입식 교육을 받아 왔다. 소비 생활도 예외는 아니다. 명품 가방, 외제차는 사치라는 편견이 대표적이다. 하지만 소비 자체는 좋다, 나쁘다가 없다. 해외 여행가서 충동적으로 돈을 쓸 수 있으니 미리 제한해 두자는 것도, 다음에 그 물건을 사려면 비행기값을 또 내고 가야하니 여행 간 김에 사자는 것도, 그렇게 아끼고 싶다면 아예 해외를 가지 말자는

것도 모두 옳은 소비다. 소비에 대해서 우리가 판단해야 하는 것은 해외여행 가서 쓴 돈이 아니라 내가 가진 가치 판단 기준이 정상적으로 작동했는지 여부다. 내 기준을 지켰다면 좋은 소비, 그렇지 않았다면 나쁜 소비다.

사회가 주입시킨 잘못된 소비 편견으로는 이런 판단이 어렵다. 주로 쓴 금액을 놓고 판단한다. 대단히 잘못된 기준이다. 유튜브 같은 동영상 플랫폼에서 조회 수 많이 나오는 재테크 영상들도 소비에 대한 편견이 너무 심하다. 아예 종교적 수준의 도그마적인 주장도 많다. 대부분은 나약한 나를 혼내는 말들이다. 심지어 그런 말을 들으면서 '맞아 맞아'를 나도 모르게 외친다.

돈으로 인해 편안해지고 싶다면, 소비에 대한 고전적 편견을 버리고 이제부터 나만의 소비 기준을 만들어 보자. 그래야 돈이 알차게 모인다. 악착같이 돈 모은 사람의 통장은 부러울지 몰라도 그의 삶은 그다지 부럽지 않다.

절약은 전략이어야 한다

"기름 값 아끼려고 전기차로 샀어"

"축하해. 이제 맘 편하게 달리는 거야?"

"아니, 차는 세워두기로 했어. 절약하기 위해서지"

절약은 가장 강조되는 재테크 덕목이다. 내가 컨트롤할 수 있는 가장 확실한 재테크란 점도 장점이다. 어떤 면에선 세금을 줄이는 세테크와 비슷하다. 둘 다 내가 하는 노력만큼 그대로 내 통장에 쌓이고 결과 예측도 된다. 한 달에 10만 원만 절약해도 10년이면 원금만 1,200만 원, 20년이면 2,400만 원이다.

이런 것 덕분에 절약은 인터넷 재테크 카페에서 필수 인증 코스가 되기도 한다. 그러나 절약은 한계가 있다. 내가 소비했던 것 이상으로 절약할 수 없다. 절약해서 돈을 모으려면 소비를 줄여야 하는데, 절약의 효과를 높이려면 소비가 이미 커져 있어야 한다. 이 두 가지는 서로 모순, 일종의 패러독스다. 필자는 이것을 '절약의 함정'이라고 부른다.

생활비의 10%를 절약해서 3년간 모으면 월 100만 원 소비하던 사람은 360만 원, 300만 원 소비하던 사람은 1,080만 원을 모은다. 비슷한 절약 노력에 비해 얻어진 결과 차이가 너무 크다. 심지어 생활비가 낮을수록 절약의 대가가 커진다. 누구나 필요한 의식주 기본비용 때문이다. 노력을 더 했는데도 결과는 반대로 간다? 이것이 절약 재테크의 한계다.

소비가 낮거나 충분히 소비할 돈이 안 될 만큼 소득이 낮은 상태라면, 절약은 재테크 관점에선 결코 추천하지 않는다. 잘못하면 독이 될 수도 있다. 사회 초년생이 대표적이다. 이 시기는 그의 인생 전체로 보자면 소득이 가장 낮을 수밖에 없는 시기다. 절약이 재테크에서 의미 있는 덕목인 것은 맞지만, 이런 시기에는 자기계발 같은 건강한 지출에 집중하는 것이 '내 인생의 전체 기준으로' 볼 때 더 낫다. 인터넷 재테크 카페에서 짠돌이 재테크로 많이 하던데, 필자가 말하는 절약의 함정에 빠지지 않도록 주의하자. 무조건 절약이 옳다는 편견을 벗어나서 나의 인생 전체를 놓고 판단하는 것을 추천한다.

절약이 가장 효과적일 수 있는 시기는 평균적으로 35~55세 사이다. 이 시기는 내 능력 인생 최고의 시점인지라 왕성한 소득 활동, 그에 걸맞은 소비 활동을 하기 때문이다. 이때는 10%만 절약해도 모아지는 돈이 꽤 크다. 그러니 생활비 수준이 낮은 초년기 시절엔 효과적인 지출에, 소득이 늘어난 전성기 시절엔 절약에 집중해 보자. 혹시 나는 이와 반대로 하고 있는 건 아닌지도 이참에 되돌아 보자.

MEMO

절약이 최우선적인 재테크인 경우

내가 추구하는 삶에 비해 현재 가진 것이, 소득이, 환경이 너무 미흡할 때가 있다. 가령 어떤 직업군은 소득 증가가 너무 더디다. 내가 다니는 직장 선배들의 소득을 확인해 보자. 그들이 나의 미래 소득 환경이다. 그럼에도 불구하고 당장 직업 변경이 어렵거나 추가 소득 대안이 마땅치 않다면 그땐 절약이 차선인 재테크다.

투자 위험이라는 편견

"단기간 고수익 재테크는 위험하다는 데 해도 될까요?"

초보 시절에 흔히 하는 질문이다. 아래 3가지를 읽어보면서 내가 가진 위험이라는 생각과 비교해 보자.

1) 투자 위험(Risk)은 위험(Danger)이 아니다

투자 위험 등급					
1등급	2등급	3등급	4등급	5등급	6등급
매우 높은 위험	높은 위험	다소 높은 위험	보통 위험	낮은 위험	매우 낮은 위험

위험이라는 글자를 보면 초보 재테크족들은 덜컥 겁부터 난다. 그러나 이 위험은 Danger가 아니라 '손해 볼 수도 있는' 것에 대한 가능성, 즉 Risk다. 가령 장수로 인한 재정적 고갈 위험은 Danger가 아니라 Risk로 표현한다. 재정적 궁핍함이 오지 않도록 건강과 돈을 잘 관리하면 이런 Risk를 해결할 수 있다. 반면에 뜨거운 난로에 손을 대면 100% 화상을 입는다는 것은 Danger로 표현한다. 그러니 투자에서 말하는 위험은 뜨거운 난로와 다르게 봐야 한다.

2) 정/상/적/인 재테크는 수익과 손실 가능성이 똑같다

공정하게 하는 동전 던지기 게임이라면, 한 판에 10원을 걸든 1,000원을 걸든 얻는 결과는 똑같다. 심리적으로는 10원 거는 것이 손해를 덜 보는 것처럼 보이지만, 내 돈을 얼마나 베팅하든 얻는 기댓 값은 서로 동일하다. 정상적인 재테크도 마찬가지다. 수익이 날 확률 과 잃을 확률이 동일하다. 플러스 수익이 있다면 딱 그만큼의 마이너 스 손해가 있다. 하지만 어디까지나 정상적인 재테크일 때만 그렇다. 라스베가스 도박장, 금융 당국의 허가를 받지 않고 진행되는 투자는 여기에서 제외다.

3) 고위험에 비해 저위험 투자가 안전하다?

흔히 금융회사 창구에서 이렇게 안내하는데, 법적으로는 문제없지 만 올바른 설명은 아니다. 가령 ±30%로 등락하는 A재테크와 ±5%로 움직이는 B재테크가 있다면, 수익률 등락 범위만 다를 뿐 얻어지는 기대 수익과 손실은 똑같다. 그러니 위험과 안전이라는 심리적인 표 현보다 'A가 B에 비해 더 높은 변동성을 갖고 있다'로 설명해야 한다. 구체적으로 예를 들자면, 금융회사에서 설명하는 위험 6등급과 위험 1등급 방식의 재테크는 기대 수익 차원에선 기댓값은 서로 똑같다.

이 3가지를 이해했다면 첫 부분의 질문과 등급표에 대해서 아래처 럼 응답할 수 있다.

"단기간 투자를 고수익 재테크로 선택하면, 초반에 손해가 날 때 내 돈을 회복할 시간이 충분하지 않을 수 있습니다."

"6등급과 1등급은 변동성 차이입니다. 수익률이 들쑥날쑥 하는 것 을 견딜만 하시다면 1등급, 그렇지 않다면 더 낮은 등급의 재테크로 하세요."

　이제부터 투자 개념을 제대로 알아두자. 투자에서 말하는 위험 (Risk)은 근처에도 가지 말아야 할 위험(Danger)과 전혀 다르다는 것, 위험은 낮은데 수익은 높은 그런 재테크는 이 세상에 없다는 것, 그리고 고수익은 무조건 위험하다는 편견도 극복해 보자. 이것을 극복해야 성공 재테크로 가는 첫 문이 열린다.

나는 재산을 얼마나
모을 수 있을까

비트 코인, 주식, 부동산 열풍으로 100억을 모았다는 책들이 많아 지면서 나만 소외되는 느낌이라는 사람들이 늘어났다. 그러면서 드는 생각, 나는 재산을 얼마나 모을 수 있을까?

일종의 호기심 같은 것이지만 재테크 차원에서 보자면 꽤 중요한 출발점이다. 막연히 나는 언젠가 200억 꼬마빌딩 자산가로 은퇴할거라고 생각하는 건 비현실적이다. 내 상황을 정확히 파악하고 거기에 맞는 재테크 전략을 세워야 한다.

간단하게 계산하자면 한 푼도 안 쓰고 모으는 것이 최대 수입, 여기에 재테크 수익률을 넣으면 된다. 이것이 내 인생에서 최대한 만들어볼 수 있는 자산 규모다. 이해하기 쉽게 60세 시점에 얼마나 모을 수 있는지 계산해 보자. 내 인생 최대 자산은 월간 소득 × 소득 기간 (~60세) × 수익률이다.

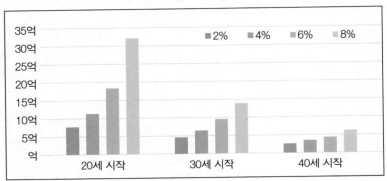

60세 시점 도달 금액(연령대&수익률)

참고: 위 나이부터 60세까지, 매달 100만원으로 재테크, 연복리 방식

　　20~40세부터 60세까지 매달 100만 원씩을 모았을 때 기준이다. 여기에 2~8% 기대수익률 구간별로 넣은 목돈은 이렇다. 가령 월급 100만 원인 30세 직장인이 60세될 때까지 30년간 연 2%로 재테크 하면 4억 9,000만 원을 모으게 된다. 그가 좀 더 분발해서 연 6%로 굴리면 이 돈은 9억 8,000만 원이 되고, 연 8%로 굴리면 14억 2,000만 원이 된다. 꽤 괜찮은 금액이다. 만약 내 월급이 300만 원이라면 위 숫자들에서 3배를 곱해 주는 방식으로 하면 된다. 이 경우 14억 7,000만 원~42억 6,000만 원이 60세에 내가 도달 가능한 자산이 된다.

　　비록 모든 월급을 모으는 것으로 가정한 계산이지만, 웬만한 어르신 나이의 자산가보다 훨씬 낮다는 것을 알 수 있다. 은행에서 20~30대 직장인들의 통장 개설에 열을 올리는 데엔 다 이유가 있는 셈이다.

하지만 금수저가 아니라면 월급 전액을 다 모을 수 있는 직장인은 드물다. 이 돈에서 나와 가족의 소비성 지출을 빼야 한다. 그 나머지가 내 통장의 최종 잔액, 즉 자산이 된다.

그렇다면 남들은 소득에서 얼마나 소비하고 얼마나 모았을까?

통계청 등 각종 자료들을 취합해서 대략 반영해보면 이렇다. 남들은 평균적으로 이 정도 벌고 모은다고 하니 지금 내 모습과 살짝 비교해 보자. 나는 얼마나 벌고 있고 그중에서 얼마나 모으고 있는지.

가계 평균 소득과 자산

(단위: 원)

연령	평균소득	총자산(A)	부채(B)	순자산(A-B)
30대	361만	4억 1,246만	1억1,307만	2억 9,939만
40대	413만	5억 9,241만	1억2,328만	4억 6,913만
50대	407만	6억 4,236만	1억763만	5억 3,473만

출처: 2022 통계청

참 신기한 건 평균적인 순자산이다. 가령 50대의 순자산은 평균 5억 3,473만 원인데, 연령별 평균소득의 절반을 단순히 모으기만 해도 60세 시점에 7억 원이 넘는다. 게다가 연 2% 수익률로 아주 소박(?)하게 재테크하면 10억 원 정도가 되어야 한다.

필자가 여기에서 말하고 싶은 것은 이렇다.

평생 모을 수 있는 돈은 누구나 크다. 월 100만 원 버는 스무 살이 10억 원을 가진 60세 어르신보다 더 낫다는 말이 괜히 나온 말이 아니다. 그러니 월급 200~300만 원은 잠재적으로 약 20~30억 자산가와 맞먹는다는 걸 알아두자.

오늘부터 지출을 결정할 때 통 크게 소비와 저축 예산을 잡아보자. 몇 억을 나의 소비로 지출할 지, 나머지 수억 원을 어떤 재테크로 굴릴지 등. 아울러 그동안 내가 가진 잠재적 자산 가치를 몰랐다면 이제부터라도 월급쟁이에서 자산가로 관점을 바꾸자. 그리고 지금부터라도 합리적인 지출을 하여 내게 올 운명이었던 원래 내 돈을 챙기고 부동산과 금융과 같은 균형감 있는 재테크로 나머지 돈을 더 늘려보자.

지금 내가 해볼 수 있는 재테크들 5+1

지금 '누구나 해볼 만한 재테크'를 머릿속에 떠올려보자. 몇 가지나 알고 있는가? 다양하게 알고 그때그때 필요한 재테크를 써먹는 직장인과, 좋다는 재테크를 찾아 인터넷과 카페를 헤매는 직장인의 통장 잔고는 퇴직할 무렵이면 확연히 차이가 난다. 그때 가서 후회하지 말고 지금 살펴보자.

일반적인 수준의 직장인이라면 다음 재테크 아이템들이 무난하다. 대략적으로 감을 잡으라고 나열한 것이니 모르는 것이 많다고 기죽지 말자. 아래 모든 것을 제대로 아는 사람은 희박하다.

단순 입출금용

월급 받고 타인에게 이체하고 현금 인출하는 그런 정도의 목적이다. 물가보다 수익률이 낮으니 실제 돈 가치는 떨어져 손해지만, 수시 입출금 등 일상생활 편리 목적이 더 크다. 이자를 조금이라도 주면 그나마 땡큐다. MMDA 통장은 흔히 '직장인 우대 금리 통장' 이런 식으로 판매한다.

아이템	방식	금액	기대수익	기간
보통예금통장	월간/목돈	1원~	0%~	1일~
MMDA통장	월간/목돈	1원~	~0.5R~	1일~
CMA통장	월간/목돈	1원~	~0.5R~	1일~

1R은 3~4년간 은행 예금의 평균 이자율 수준

약간 수익이 나지만 결국 늘어나는 게 없는 것

이자가 있긴 한데 물가 정도 수준이라서 실질 자산 증식은 안 된다. 다만 적금의 경우는 매달 돈을 모으는 재미, 목돈 만드는 쾌감 등 심리적으로 성공 느낌을 빨리 얻을 수 있다. 중간에 중단하더라도 원금을 빼앗는 페널티가 없으니 가입 할 때 부담도 없다.

아이템	방식	금액	기대수익	기간
예금(제1금융권)	목돈	100만~	~1R~	1~3년
예금(제2금융권)		100만~	~1.2R~	
적금(제1금융권)	월간	1만~	~1R~	
적금(제2금융권)		1만~	~1.2R~	

약간 재테크 속도(수익률)를 내보고 싶을 때

운동으로 말하자면 가볍게 달리는 조깅 수준이다. 내 돈 가치를 갉아먹는 물가보다 높게 수익을 가져가는 셈이니, 나의 실질적인 자산이 비로소 늘어난다. 다만 높아진 기대수익률만큼 잃을 가능성도 동일하니 무조건 덤비진 말자. 위 아이템별 이름은 잘 몰라도 된다. 어차피 이런 이름으로 판매되진 않으니까. 이 책에서 주로 다룰 예정이다.

아이템	방식	투자금액	기대수익	기간
국채	목돈	1,000만~	~1R~	10년~
회사채	목돈	1,000만~	~1.5R~	1~5년
펀드-채권형	월간, 목돈	10만~	~1R~	~3년
펀드-혼합형			~2R~	~3년
펀드-주식형			~3R~	5년~
펀드-원자재			~3R~	5년~
ETF	목돈	100만~	~3R~	10년~
ELx	목돈	100만~	~2R~	~3년

더 높게 재테크 속도(수익률)를 내보고 싶을 때

이제부터 본격 달리기다. 이런 아이템들을 잘 다루게 되면 주변에서 나를 부러워하기 시작할 것이다. 주로 제도권 안에 있는 투자 방법들인데, 금융업 허가를 공식적으로 받고 고객 보호 의무를 준수하는 곳이다. 혹시 내가 잘못 알고 가입했더라도, 금융회사나 금융감독원 등에서 소비자인 나를 보호해준다. 투자 손실을 보전해주는 게 아니고, 판매 오류가 있을 때만 그렇다. '사기 안 당하고' 재테크 할 수 있는 것이 장점이다.

아이템	방식	투자금액	기대수익	기간
랩어카운트	목돈	2,000만~	~4R~	3~5년
사모펀드	목돈	1억~	~4R~	~3년~
주식-국내	목돈	100만~	~4R~	10년~
주식-해외	목돈	100만~	~4R~	10년~
주식-공모주	목돈	1,000만~	~4R~	~1개월~

부동산 재테크를 하고 싶을 때

주거용 부동산 투자는 다른 재테크에 비해 두 가지가 독특하다. 첫째, 올라갈 땐 탄력적인데 내려갈 땐 어느 선 이하로 곤두박질치지 않는다. 주식 투자로 말하자면 '하방 지지선'이다. 둘째, 무이자로 레버리지 투자가 가능하다. 전세보증금 제도 덕분이다. 1억짜리 오피스텔일지라도, 세입자 보증금 9,000만 원을 끼고 투자하면 내 돈은 1,000만 원이면 된다. 5%만 올라도 나의 투자 수익률은 50%가 된다.

아이템	방식	투자금액	기대수익	기간
오피스텔	목돈	2,000만~	~2R~	10년~
아파트		1억~	~3R~	5년~
빌라-1/2/3룸		5,000만~	~3R~	15년~
상가주택		5억~	~2R~	10년~
단독 상가	목돈	3억~	~3R~	5년~
지분 상가		1억~	~3R~	10년~
꼬마빌딩		10억~	~2R~	5년~
주택 신축		5억~	~5R~	1년~

이 항목들 중에서 비교적 예측 가능한 수익을 내는 항목이 주택 신축이다. 의외로 모르는 사람들이 많다. 신축은 공사 지연, 재료 수급 등 각종 변수가 있기 때문에, 평균적으로 차익을 15~20% 정도, 분양 비용은 10% 정도 반영해서 시작한다. 무난하게 건축하고 빠르게 분양할수록 이 수익은 내 몫이 된다. 부동산 분야는 정부 정책과 입지 선정 능력 등 통제 가능한 부분이 있기에 숙련자일수록 유리해진다.

제도권 밖(비금융기관)에서 점프하고 싶을 때

운동으로 말하자면 산악 운동 급이다. 부상 위험이 크지만 짜릿하다. 제도권 밖에 있는 거래이니, 가입 과정의 오류와 아이템들의 진짜 가짜 여부를 내가 판단해야 한다. 덕분에 해당 업체의 야반도주, 실체 없는 투자로 인한 손해와 같은 사고가 많이 날 수 있다. 그 대신에 더 높은 수익률을(그리고 그만큼 잃을 가능성) 추구해 볼 수 있다.

아이템	방식	금액	기대수익	기간
P2P	목돈	100만~	~4R~	~1년~
크라우드 펀딩	목돈	100만~	~4R~	~2년~
부동산 PF	목돈	1억~	~5R~	~3년~
암호화 화폐	목돈	100만~	~6R~	~10년~
비상장주식	목돈	1,000만~	~6R~	10년~
개인 간 대여	목돈	1,000만~	~4R~	~1년~

수익률 목표를 정하자.
이왕이면 3R

"재테크를 하면 몇 %의 수익률을 내야 정상인가요?"

평균은 살아가면서 상당히 중요한 부분이다. 고대 원시사회부터 이어져 온 생존심리라고 생각한다. 성난 매머드에게 쫓길 때 남들(평균)에게 뒤처지면, 겪어야할 것은 죽음 딱 하나 밖에 없다. 재테크에서는 수익률이 그런 생존 역할을 한다. 나의 소득이 남들보다 꽤 많은 편이 아니라면, 평균보다 처지는 수익률이 계속되면 자본주의라는 성난 매머드와 마주쳐야 한다. 수익률에 대한 '나만의 목표'가 없다면, 수익이 날 때 마다 '이쯤에서 멈추는 게 나을지 계속 갖고 가야할 지'로 고민을 반복해야 한다.

합리적인 투자 수익률

필자는 1차적인 투자 수익률 목표를, 지난 3~5년간의 평균적인 '물가상승률 + 경제성장률 + 은행이자율'을 합한 것으로 추천한다. 이렇게 추천하는 이유는 아래 3가지 때문이다.

• 물가상승률 (돈 가치 하락률)

물가는 돈의 가치를 갉아 먹는다. 그러니 물가 정도의 수익을 내야 그나마 돈 가치를 유지한다. 겨우 제자리를 지킨 정도니 아직 내 돈이 늘어난 것은 아니다.

• 경제성장률 (남들 평균)

경제성장률은 국가의 평균적인 성장률이다. 남들은 평균적으로 이만큼 성장한 것이니 나도 이 정도는 수익을 내야 한다. 이보다 처진 수익률로 지내면 남들보다 씀씀이를 줄여서 살아야 한다.

• 은행이자율 (기본적인 수익률)

은행 이자는 재테크에서 기준점 역할을 한다. 한국은행의 기준금리가 시중금리에 영향을 주니 그 자료를 참고하자. 적어도 이 기준만큼은 달성해야 내 돈이 '실제로' 늘어난다.

위 세 가지를 충족하면 이렇게 된다. "물가만큼 도달했으니 처지진 않았고, 경제성장률만큼 갔으니 남들 평균은 따라갔고, 은행이자만큼 올랐으니 드디어 기본수익을 냈군요."

물가상승률, 경제성장률, 이자율은 서로 비슷하다

"물가가 오르는 것은 원자재 가격이 올라서도 아니고 기업들이 더 많은 이익을 취하기 때문도 아니다. 그것은 은행 때문이며, 은행을 중심으로 움직이는 자본주의 시스템 때문이다."

- EBS〈다큐프라임〉자본주의

신기하게도 물가상승률은 은행이자율과 비슷하게 움직인다. 정부의 인위적인 금리 변화로 인해 특정 기간 동안 좀 더 높거나 낮을 수 있지만, 은행 이자율보다 ±0.25~0.5%P구간에서 서로 비슷하게 움직인다. 경제성장률도 은행 이자율과 비슷하게 간다. 은행에서 주는 이자는 해당 국가 성장이라는 큰 틀 안에서 정해진다. 정상적으로 운영하는 국가에선 경제가 성장한 만큼 은행이자율도 비슷하게 간다.

결국 위 세 분야의 숫자는 대체로 비슷하게 간다. 그러니 위 모두를 일일이 합하는 것보다, 시중 은행 이자율 3배(3R, inteRest)를 투자수익률 목표로 해도 된다. 물론 일시적인 금리나 시장 급등급락을 감안해서, 지난 3~5년 동안의 평균 이자율로 해야 한다.

이런 질문도 있을 수 있다. 만약 경제성장률이 2% 이하라면 그땐 어느 수준으로 나의 재테크 수익률 목표를 정해야 할까? 글로벌 경제 전문가들의 공통된 의견에 정답이 있다. 국가의 경제성장률이 그 이하로 떨어지게 되면 실업자 증가와 기업 파산 등이 심해진다고 한다. 정부 입장에선 어떻게 해서든 이보다 높이려고 할 수 밖에 없다. 파산해 가는 기준치를 목표로 할 수 없으니, 자본주의 시스템 방어선인 2%를 1R로 감안해서 이보다 3배인 6%를 재테크 목표(3R)로 잡으면 된다.

MEMO

재테크에 R을 응용해 보자

R 개념을 활용하면, 변화하는 시장 속에서 나의 '눈높이'를 설정할 때 도움 된다. 경험적으로 보자면 제1금융권의 프라임급 대출 이자는 1.5~2R 수준, 월세는 서울 기준으로 은행권 대출 이자보다 1R 만큼 더 붙이니 2R 이상 수준(외곽으로 갈수록 공실률이 높아지니 R은 높 아진다), 내가 가입한 금융 상품을 담보로 돈을 빌려주는 보험사나 은 행의 약관 대출은 1.5R 수준이다. 매년 시장 변화에 따라 % 숫자는 조금씩 바뀌지만, R 값으로 놓고 판단하면 유연하게 대처할 수 있다.

재테크족이 넘어야할 3가지 환상

가장 흔한 수익률 환상

　수익률 환상은 재테크에 입문하면 반드시 겪는 착시 현상 중 하나다. 여러 가지로 설명하는 것보다 아래 퀴즈를 보며 정답을 맞춰보자. 나의 재테크 기대감도 확인할 수 있다.

　Q. 3년간 매달 ○○만 원씩 재테크를 한다. 연 4% 수익률로 굴리면 만기에 얼마쯤 될지는 몰라도 대략 100이란 돈이 된다고 치자. 같은 돈, 같은 기간 동안 오직 수익률만 2배인 연 8%로 높인다면, 기존 100에 비해 얼마나 커질까?

왼쪽은 재테크 코칭에 참여한 대부분의 수강생들이 그리는 크기다. 내가 생각했던 것과 일치하는지 살펴보자. 정답은 오른쪽 그림이다.

동일 조건으로 수익율만 2배인, 연 8%일 경우 예상 크기

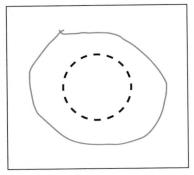

독자1이 그린 그림(35세, 직장인 여성)   수익률 착시 현상

　대부분의 수강생들은 위험을 2배로 늘린 수익률로 재테크하면, 3년 후에 찾는 돈도 2배 또는 그 이상으로 늘어날 것으로 예상했다. 하지만 실제론 아주 조금만 더 늘어난다. 2배는 커녕 1/16 정도만 더 늘어나는 정도다. 더 얻으니 좋긴 한데 아주 실망이다. 심리적으로 해석해 보자면, 아마도 이런 막연한 기대감 때문에 '단기 고수익' 재테크를 하는 것인가 싶어진다. 합리적인 재테크족이라면 1/16을 더 얻기 위해서 내 돈을 잃을 위험을 2배로 늘리는 선택은 하지 않아야 한다. 위험을 무릅쓴 보람이 매우 낮기 때문이다.

　흔히 "매달 50만 원씩 2~3년 정도 해볼 만한 좋은 재테크를 소개해

주세요"로 질문하는데, 지금까지 설명한 내용을 이해했다면 대답이 쉬워진다. "그 정도 기간이라면, 특별한 재테크를 찾기보다 단순하게 돈을 모으는 것에 의미를 두는 것이 더 낫습니다"가 정답이다.

단기간의 고수익은 성공하기도 어렵지만, 혹시 그렇더라도 늘어난 위험에 비해 성과는 생각보다 작다는 것을 기억해두자. 이게 필자가 자주 목격하는 재테크 환상 1위다.

복리 효과 환상

"1626년에 아메리카 인디언들이 그 섬을 단돈 24달러에 팔았지만, 연 8% 복리로 굴렸다면 지금쯤 맨하탄 섬 2개를 구입할 수 있다."

금융의 메카 월가에서 크게 성공한 투자자로 유명한 피터린치의 말이다. 실제로 맨하탄 섬을 살 수 있는지는 모르겠다. 비교를 위해 계산해보면 단리는 98만 2,800원, 복리는 51경 6,331조 2700억 1,352만 9,000원이 된다. 엄청난 차이다. 그야말로 복리의 힘이 느껴진다.

그러나 그렇게 되려면 396년을 기다려야 한다. 24달러는 지금 나의 지갑에 있는 돈보다 작을지 몰라도 나의 수명은 이보다 훨씬 짧다.

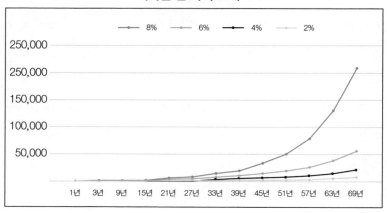

이자율 별 복리 그래프

복리효과가 언제부터 뚜렷하게 나타나는지 그래프로 비교해 보면 알 수 있다. 원금이 얼마인지는 중요하지 않다. 수익률에 따라 급격하게 솟구치는 시점을 찾아보자. 연 8% 복리는 35년 후, 연 6%는 50년 후, 연 4%는 65년 후부터 단리 방식보다 의미 있게 차이가 나기 시작한다. 일종의 복리효과 체감 시점이다. 참고로 연 2%대 이자율로는 "아~! 이 맛에 복리를 찾는구나"라는 보람은 내가 생존해 있는 동안은 불가능하다. 혹시 396년 후의 가문을 위해서 가입하려고 해도 안 된다. 대부분의 금융기관은 만기를 99년까지만 해준다.

요약하자면 복리는 아래 두 가지 조건이 동시에 만족돼야 한다.

• 연평균 8% 수익률 정도는 넘어줘야 무난하게 효과를 누린다.
• 8%일지라도 적어도 30~40년 이상의 시간이 필요하다.

그러니 홈쇼핑에서 말하는 복리 효과라는 말에 10년 후 나의 돼지 저금통이 무럭무럭 커가는 환상을 갖지 말자. 그 기간 동안 나의 돈 가치를 갉아먹는 물가도 복리로 커진다.

시장 예측이라는 환상

2018년 7월 19일, 포춘지는 "지금이 호황의 끝물"이라고 경고했다. 미국의 평균적인 호황 기간 39개월보다 훨씬 긴 110개월째 이어지는 상황, 실업률 등 근거를 들어서 투자의 끝물이니 주의해야 한다고 했다.

그러나 미국에 상장된 IT 기업들의 평균 지수인 나스닥 지수 (NASDAQ Index) 기준으로 약 8,000선에서 그 후 3년간 16,000선까지 두 배 정도 상승했다. 대한민국 부동산 시장 전망도 마찬가지였다. 2018년 부산 지역은 주택시장 관련 부동산 지표가 하락 추세였다. 매매시장 소비자 심리지수, 매수 우위 지수, 매매 증감률 모두 그러했다. 그러나 실제 매매 가격은 그 후 3년간 상승했다.

전문가들의 예상은 둘 중 하나다. 맞거나 틀리거나. 시장을 예측해서 맞춘다는 건 신의 영역이란 걸 다들 잘 안다. 그러면서도 "그것 하나 못 맞춰?"라고 말한다. 사실 전문가는 '근거를 제시하는 사람'이지 족집게 도사가 아니다. 재테크로 성장하고 싶다면, 전문가가 그렇게 말한 시장 상승이나 하락 같은 결과가 아니라, 그렇게 보는 근거를 집중해서 살펴봐야 한다. 미래 예측은 틀릴 수 있지만, 왜 그런 결론을 내렸는지에 대한 근거까지 틀리는 건 아니기 때문이다.

자, 이제 지금 내 모습을 살펴보자. 시장 예측은 부질없다고 인정하면서도, 그걸 잘 예측하는 사람을 전문가라고 부르며 찾아다니진 않았는지, 나는 전문가와 족집게도사를 헷갈리고 있진 않았는지. 족집게 도사를 찾아다녀서 얻는 결과는 매우 뻔하다. 이제부터 시장 예측이라는 환상을 확실하게 버리자. 성공 투자는 상황에 따라 대응하는 것이지 예측하는 것이 아니다.

요약하자면 재테크족이 넘어야 할 환상은 3가지다.

수익률을 높이면 결과가 엄청나게 커질 것이란 기대감, 복리에 대한 지나친 환상, 시장을 예측하는 것에 대한 막연한 기대감을 넘어서자. 전문가가 의견을 내면 그가 말한 결과보다 왜 그런 결론을 내리게 되었는지 '근거의 타당성'에 관심을 쏟자.

MEMO

수익률 환상을 현실로 바꾸는 방법

매월 30만 원 재테크할 때 만기 금액 (연복리, 세전 기준)

투자 기간	4% 수익률	8% 수익률	비교 코멘트
3년 후	1,148만	1,219만	1/16 만큼 증가
6년 후	2,439만	2,755만	1/8 만큼 증가
10년 후	4,416만	5,441만	1/4 만큼 증가
20년 후	1억 952만	1억 7,188만	이 정도 차이라면?
30년 후	2억 628만	4억 2,549만	오호 !!

투자 기간을 늘려갈수록 위험을 2배로 높인 만큼 2배의 보상을 얻을 가능성이 점점 높아진다. 기간이 길수록 들쑥날쑥 수익률 변동성이 낮아지며 특정 시기에 변동이 있더라도 회복할 시간이 충분해진다.

대출, 관점을 바꾸면
재테크가 건강해진다

    은행에서 돈을 빌리는 것이 대출이라고 알고 있다면 이번 기회에 바꾸자. '미래에 올 나의 소득을 미리 당겨서 쓰는 것'이 가장 완벽한 정답이다. 이렇게 이해했다면 자본주의 시스템에서 신용불량자가 되지 않고 생존할 수 있다.

    대출을 받을 땐 미래에 올 내 소득을 초과하면 안 된다. 이를 거꾸로 응용하면 새로운 재테크가 된다.

    만약 미래에 올 내 소득이 확실하다면 대출을 활용하지 않는 것이 문제가 될 수 있다. 내가 가진 재정적 장점을 제대로 활용하지 못했기 때문이다.

대출은 변동금리
고정금리 어느 쪽이 유리할까?

접근이 잘못된 질문이다. 미래의 금리는 아무도 모른다. 어느 정도 예측이 가능할 것 같지만, 2022년에 미국이 기준금리를 폭등시키면서 어김없이 예측 범위를 빗나갔다. 더 낮은 금리를 찾기 보단 금리 변동성을 내가 감당할 수 있는지 여부로 결정하는 게 재테크족 다운 판단이다.

월간 지출 변화가 없는 것을 원한다면 고정금리로, 잦은 변동을 견딜 수 있다면 변동금리 방식으로 선택하자. 과거 경험으로 보자면 변동금리 대출 방식이 전체적으론 더 낮은 이자를 냈었다고 한다. 고정금리 대출 방식은 금융 회사가 Risk 관리를 위해 금리를 더 높여서 팔기 때문이다.

주택담보 대출은 빨리 갚는 것이 유리하다?

주택담보 대출을 갚는 방식은 크게 4가지, 내가 선택할 수 있다. 이 중에서 이자만 내다가 만기에 원금을 갚는 만기 일시상환, 매달 이자와 원금을 내는 원리금 균등상환이 주로 선택된다.

1억 원, 연 3.5% 이자로 10년간 대출 시

대출 상환 방식	단순 총 상환액	물가 2% 시	물가 4% 시
A 만기 일시상환	1억 3,500만 원	1억 1,134만 원	9,594만 원
B 원리금 균등상환	1억 1,866만 원	1억 659만 원	9,624만 원
(A-B의 차액)	① 1,634만 원	② 688만 원	③ -30만 원

단순 총액으로 보면 만기일시상환(A) 방식이 불리하다. 10년간 ①1,634만 원 정도 내 돈을 더 낸다. 그러나 물가 2%를 감안하면 이러한 차이는 688만 원으로 줄어든다. 물가로 인해 갚아야할 돈의 가치가 떨어지기 때문이다. 물가 4%인 경우라면 오히려 30만 원만큼 내 돈을 덜 낸다. 그러니 빨리 갚는 방식이 좋다거나, 특정 대출 방식이 더 낫다는 것은 틀린 말이다. 그보다는 나의 소득 상황을 고려해서 선택하는 것이 정답이다. 불규칙적인 소득이면 만기일시상환이, 규칙적이라면 원리금균등상환을 우선 고려하자.

대출 334법칙

대출한 후에 경기나 소득이 나쁜 쪽으로 발생하면 그때부터 머리 아파진다. 이를 피하고 싶다면 334법칙을 기준으로 대출을 결정하자. 대출 총액은 총 자산의 30% 이내로, 대출 상환은 월간 소득의 30% 이내로, 대출 이자는 4% 이하를 기준으로 하라는 의미다. 맞벌이 부부의 경우 대출을 총 자산의 50% 수준까지 빌리기도 하는데, 이런 수준이 지속되면 경기하락이나 소득 감소가 오지 않더라도 삶의 질이 점점 낮아진다.

대출이 이미 있다면 역재테크로 생각하자

가령 이미 4%짜리 대출이 있고 매달 원리금을 상환해야 한다면, 매달 내야하는 돈은 내 통장에서 나가는 돈이니 손해다. 하지만 같은 돈을 은행 예금에 넣어도 은행에선 그것보단 낮은 이자를 준다. 그러니 대출로 상환하는 돈은 4%짜리 예금에 가입한 것과 같다. 실제론 이자를 내지 않으니 역산해보면 4.7%짜리 예금 효과다.

이걸 재테크로 응용하자면 이렇다. 혹시 대출 금리가 높아서 고민 중이라면 고금리 비과세 예금인 역재테크로 생각해 보자. 주택을 매수한 걸 후회하는 것 보단 낫다. 혹시 나의 부모님이 낮은 금리의 예금으로만 재테크 하고 있는지도 살펴보자. 서로의 중간쯤에서 금리를 타협하면 부모님은 고금리 예금을 갖게 되고 나는 저금리 대출이 된다.

소득이 높거나 지속적이라면 대출테크닉은 필수다

일정 조건을 갖춘 무주택자라면 대출을 이용한 주택 구입을 시도하는 것이 좋다. 2024년 소득세법 개정안에 따르면, 매년 내는 이자를 600~2,000만 원까지 소득공제를 해주기 때문이다. '소득공제' 방식이니 소득이 높을수록 돌려받는 돈도 두둑해진다. 그만큼 이자율 감소 효과가 높아진다. 소득세율 15% 이상 구간에 있는 독자인데 대출을 이용한 주택 재테크를 하고 있지 않다면, 나의 재테크가 잘 가고 있는지에 대해서 다시 점검해 볼 필요가 있다. 연 소득으로 치자면 대략 4,000만 원대 이상이 여기에 해당한다. 주의할 것은 전세자금 대출이다. 이건 대출 테크닉이 아니다.

다만 그럼에도 불구하고 대출은 주의해야 한다. 금리 하락기나 인플레이션 시기에는 실제 상환하는 돈 가치는 점점 낮아지니 내게 유리하다. 그러나 대출 이자는 지속적인 지출이다. 너무 오랜 기간 방치하면 지속적인 지출 부담 때문에 내가 패배할 수도 있다.

> **MEMO**
>
> ### 알고 보면 모두 빚이다
>
> 은행 대출만 빚이 아니다. 나의 생활비, 관리비, 보험료 모두 빚이다. 어차피 나가야할 돈이라면 빚(부채)이다. 이 개념을 재테크에 응용하면 좋다. 가령 현금 여유가 있는 4050 세대라면, 어린 자녀들의 보험료를 선납하는 것도 재테크가 된다. 미리 빚도 없앨 수 있고, 1년 치(또는 향후 보험료 전액)를 선납하면 이자율만큼 할인해주니 더 좋다. 대체로 예금 이상의 효과를 본다. 게다가 비과세다.

내 통장에 돈이 모이는
지식 7가지

시간은 돈이다. 일찍 시작하자

흔히 재테크는 일찍 시작할수록 좋다고 말한다. 들을 때 마다 공감하지만 즉시 실천하는 경우는 많지 않다. 얼마나 차이가 날까? 아래 사례를 보면 알 수 있다.

> 나대리 : 30세부터 매달 50만 원 × 10년 간 적립, 그후 그대로 거치
>
>   (총 납입금액 = 6,000만 원)
>
> 허과장 : 40세부터 매달 50만 원 × 25년 간 적립
>
>   (총 납입금액 = 1억 5,000만 원)

둘 다 연 6% 복리로 수익률이 같다면, 65세에 나대리는 3억 5,000만 원, 허과장은 3억 4,000만 원 정도 모은다. 허과장은 9,000만 원을 더 냈지만 늦게 시작한 탓에 모아진 돈은 1,056만 원 더 적다.

현실에선 더 차이가 난다. 나이 40세 넘어서 65세 될 때까지 25년 간 돈을 내는 것보다 30세부터 10년간 50만 원을 내는 것이 더 실천하기 쉽다. 평균적인 40대는 자녀 교육 시기랑 맞물려서 지출이 늘어난다. 게다가 65세까지 직장 다니는 것은 현실에선 쉽지 않다.

재테크는 현실적이어야 한다

1,000만 원으로 1년 안에 1억을 만들 수 있다. 연 환산 900%의 수익률을 내면 된다. 이런 수익률이 부담스럽다면 만만한 은행 이자 2% 수준으로도 가능하다. 대략 117년 정도 기다리면 된다. 둘 다 맘에 들지 않는다면 나의 투자 원금을 늘리면 된다. 예를 들어 5,000만 원으로 1억 만들기에 도전해보는 것이다. 이 경우 5년간 매년 15% 수익을 내면 1억을 만질 수 있다. 5년 정도는 해볼 만한데 연평균 15% 수익률이나 목돈 5,000만 원이 약간 부담스럽긴 하다. 하지만 연간 900% 수익률이나 앞으로 117년을 기다려야 하는 것에 비하면 그나마 현실적이다.

현실적인 재테크를 하려면 내가 컨트롤 할 수 있는 두 가지와 그렇지 않은 한 가지를 구분할 줄 알아야 한다.

• 규모 : 얼마만큼의 돈을 굴려볼 것인지

- 기간 : 몇 년간 돈을 굴릴 것인지, 언제 쓸 건지
- 수익 : 얻어지는 결과 값. 미래 상황에 따라 달라진다.

이 중에서 '수익'은 결과 값일 뿐 내가 컨트롤할 대상이 아니다. 내가 결정할 수 있는 '투입할 돈의 규모와 투자할 기간'을 밸런싱하는 데 집중해야 한다.

3박자가 모두 맞아야 부담이 덜하다

흔히 수익률이 재테크의 전부인 것처럼 보이지만, 그렇게 해선 그것만으로는 순탄하게 돈이 모이지 않는다. 투자한 결과를 박스 모양으로 그려 놓은 아래 도형을 보면 알 수 있다.

재택크 3대 핵심

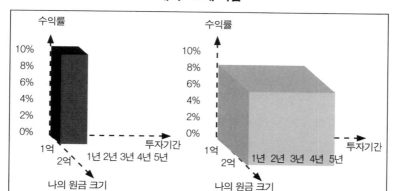

왼쪽의 A는 1억을 1년간 수익률 10%로 투자해서 얻은 돈을, 오른쪽 B는 2억을 5년간 수익률 8%로 투자해서 얻은 돈을 박스 모양으로 그린 것이다. 대략 그림으로만 봐도 어느 쪽이 더 큰 돈을 만질 수 있는지 보인다. 계산해보면 A의 총 자산은 약 1억 1,000만 원, 늘어난 돈은 1,000만 원 정도다. 무심코 소액을 투자한 주식으로 수익을 낸 경우가 이런 예다. 기분은 좋지만 인생에 변화를 줄 규모는 아니다. B는 A에 비해 수익률은 낮지만 총 자산은 3억 2,000만 원 수준, 늘어난 돈은 1억 2,000만 원이다. 의미가 있는 규모의 금액이다.

내 통장에 돈을 충분히 크게 모으려면 더 많은 돈, 더 오랜 기간, 더 높은 수익률 3가지 모두 필요하다. 어느 하나만으로 달성하려면 다른 부분에서 무리수를 둬야 한다.

종잣돈을 모으면 위력이 커진다

중국에서 물건을 배에 실어서 한국으로 가져오기만 하면 투자한 돈의 2배를 준다. 과거 경험상 열 번 수입하면 그 중 아홉 번은 성공, 한 번은 침몰해서 투자금을 모두 잃는다고 한다. 한 번 시도할 때마다 1,000만 원의 투자 금액이 필요한데, 내가 가진 전 재산은 딱 1,000만 원이다. 나는 이것에 투자할 것인가?

90%의 성공률이긴 하지만 10%에 걸리면 전 재산을 잃는다. 그러니 간 큰 사람이 아니라면 투자하기 어렵다. 흔히 종자돈의 위력을 이

야기할 때 나오는 비유다. 이런 종자돈은 클수록 아래 효과를 얻는다.

1) 투자할 기회가 많아진다

내가 가진 돈이 1,000만 원이라면 단 한 번으로 승부가 나니 부담스럽다. 하지만 1억을 갖고 있다면 10번, 좀 더 편하게 시도할 수 있다. 시도 횟수가 많아질수록 평균에 수렴하니까 총 8,000만 원을 벌 가능성이 높아진다.

2) 얻는 돈도 크다

투자 금액 규모와 상관없이 겪어야할 위험은 같다. 하지만 얻는 수익금 규모는 다르다. 1,000만 원이라면 기댓값은 800만 원, 1억 원이라면 8,000만 원이다.

3) 위험 관리도 가능하다

열 척의 선박이 동시에 침몰할 수도 있다. 이렇게 발생 가능성이 거의 없지만 일단 발생하면 파급효과가 큰 사건을 경제 용어로 블랙스완(Black Swan) 현상이라고 한다. 투자하는 시기를 나눠서 1,000만 원씩 순차적으로 실행하거나, 투자금의 절반은 선박에, 나머지는 다른데 투자하면 해결된다.

4) 가장 큰 성과는 해냈다는 성취감이다

'실패도 습관, 성공도 습관'이라는 말이 사업에만 해당되는 게 아니다. 재테크도 똑같다. 종잣돈 모으기에 성공하면 성취감이 생긴다. 다음 재테크에 자신감도 커진다. 필자는 이것을 재테크 근육이라고 부른다. 반복적인 운동이 나의 몸에 근육을 만들어 주는 것처럼, 반복적인 재테크 성공 경험이 누적되면 재테크 근육이 점점 늘어난다.

총 소유비용을 알면 돈 관리 베테랑

단편적으로 보이는 비용 이외에 그로 인한 직,간접 비용을 모두 합한 비용을 총 소유비용(TCO, Total Cost of Ownership)이라고 한다. 복잡한 설명보다 아래 퀴즈를 풀어보면 이해가 쉽다.

어느 쪽이 저렴한가?

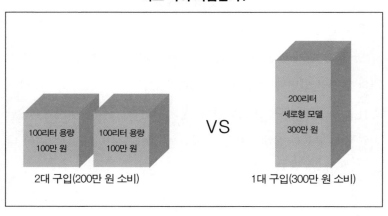

김치를 보관하기 위해 200리터 김치냉장고가 필요해졌다. 왼쪽의 김치냉장고로 해결하려면 2대 구입해야 하니 200만 원, 오른쪽 김치냉

장고는 1대만 구입해도 되지만 가격은 300만 원이라면 어느 쪽이 더 저렴할까? 정답은 오른쪽 세로형 모델이다. 얼핏 100만 원 더 비싸 보이지만 차지하는 바닥 면적까지 고려하면 결과가 달라진다. 100리터 짜리 2대를 설치하려면 1평의 공간이, 200리터 짜리는 1/2평이다. 아파트 평당 4,000만 원으로 가정하면 전자는 4,200만 원, 후자는 2,300만 원을 지출한 셈이 된다. 이게 총 소유비용이다. 지출을 판단할 때 활용하면 좋다. 이걸 모르면 앞에선 작게 남기고 뒤로는 더 큰 돈이 샐 수 있다. 혹시 나의 소비가 이런 식이었는지 살펴보자.

지출에는 3가지가 있다

흔히 소비만 지출로 분류하는데, 지출은 소비성 지출 이외에도 두 가지가 더 있다. 각각의 특성을 제대로 이해하면 나의 돈 관리 공부를 졸업할 수 있다.

1) 소비성 지출

내 통장에서 나간 후에 내게 다시 돌아오지 않는 지출이다. 오늘 먹은 음식값, 교통비, 여행비다. 흔히 소비성 지출로 표현하지만, 내게 돌아오지 않는 돈으로 이해하면 심리적으로 확실히 다르게 느껴진다. 이런 지출을 많이 하면 통장은 얇아지지만 내 삶은 풍요로워진다. 내 돈으로 통장과 삶 어느 쪽을 낫게 할지는 나의 선택이다. 흔히 '꼭 필요한 지출인지 따져보고 돈을 쓰는 습관'을 가지라고 말하는데, 돈 쓰는 죄책감 느끼게 하기 딱 좋은 표현이다. 그보다는 돈을 소비하는 나만의 기준을 정하라고 말해주는 것이 더 낫다.

2) 저축성 지출

내게 반드시 돌아오는 지출이다. 나갔던 돈보다 무조건 크게 돌아오는 지출은 예·적금이다. 돈이 별로 늘어나지 않는 것이 아쉽다. 이와 반대로 크게 또는 작게 어떻게 올지 모른다면 투자다. 원금 손해 보는 것을 꺼리면 자산이 늘지 않고, 투자에만 집중하면 늘 변하는 자산 때문에 스트레스 받는다. 해결하는 방법은 두 가지다. 반복적인 작은 재테크 성공으로 나의 투자 근육을 강해지게 만드는 것, 변하는 재테크 시장의 상황에 맞는 포트폴리오를 구성하는 것이다.

3) 그레이존 지출

미래 상황에 따라 소비성 지출 또는 저축성 지출이 된다. 가장 대표적인 것이 보험과 대출이다. 보험은 사고가 나기 전까진 안 돌아오는 돈이니 소비성 지출, 사고 이후에는 돌아오는 돈(보험금 지급)이니 저축성 지출이 된다. 대출 이자도 마찬가지다. 부동산담보 대출로 나간 이자는 시세가 상승하면 돌아오는 돈, 하락 또는 유지라면 소비성 지출이다. 미래 상황을 충분히 고려하지 않거나 현재 관점만 갖고 결정하면 소비성 지출이, 합리적으로 판단하면 저축성 지출이 된다.

소비만 지출이 아니다. 재테크 하는 돈들도 알고 보면 지출이다. 어떻게 지출할 것인지 기준만 각자 다를 뿐이다. 소비성 지출은 무조건 낮출게 아니라 어떤 기준으로 소비할 건지가, 저축성 지출은 무조건 높일게 아니라 어떤 특성으로 펼칠 것인지가 더 중요하다.

세대주는 재테크족 기본 세팅 값이다

대한민국 재테크에서 세대주는 상당히 중요하다. 청약통장 소득공제, 주택임차 차입금 소득공제, 장기주택저당 차입금 소득공제, 월세 세액공제 등에서 필요하다. 어떤 건 세대원도 되지만, 해당 세대주가 그 혜택을 안 받았을 때만 해주는 것이니, 세대주가 되는 것이 낫다. 주택 청약할 때도 좋은 아파트는 대부분 세대주 자격, 무주택 세대주 기간을 따진다. 향후 복지가 강화되는 과정에서 정부의 주택공급, 임대주택, 대출까지 모든 주거 정책도 세대주를 기준으로 나온다. 세대주로 지낸 기간이 늘어날수록 나의 선택 가능한 재테크도 늘어난다. 그러니 재테크를 하고 싶다면 세대주 분리부터 하자. 다음 셋 중 하나만 해당되면 된다. 30세가 넘었거나 결혼/이혼했거나, 중위소득 40% 이상을 지속적으로 벌고 있거나. 1인 기준 월 90만 원 이상이다.

위의 7가지 지식을 요약하면 이렇다

무난한 재테크로도 충분히 내 돈을 키워갈 수 있다. 돈의 크기, 수익률, 기간 등 3박자를 균형 있게 맞추는 것부터 시작하면 된다. 이 과정에서 소비, 저축, 그레이존 등 3가지 지출 특성을 제대로 이해하면 내 돈이 서서히 커져간다. 특히 총소유비용을 기억해 두자. 옛말로 소탐대실이다. 이 정도면 재테크 개념은 제대로 잡은 셈이니 통장 세팅으로 넘어가자.

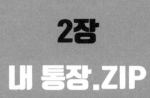

2장

내 통장.ZIP

"
책상 정리부터
하고 가실게요
"

나도 셀프 재테크 계획을
세울 수 있다

　내가 일하는 동안 나의 돈이 '나보다 더 열심히' 일하게 만드는 것, 언젠가는 지금의 내 월급보다 내 돈이 만들어 내는 소득이 더 커지게 하는 것, 이 두 가지가 직장인 재테크의 목표다. 이것을 제대로 해보고 싶다면 전문가에게 Financial Planning을 받아보자. 이들은 나의 소득과 가족 상황에 맞춰서 인생 5대 자금, 목적별/시기별 필요 자금 등을 세분화 해준다. 그 대신에 비용이 든다.

　물론 이런 계획은 혼자서도 세울 수 있다. 아래 4단계를 순서대로 살펴보면서 나의 재테크 플랜을 세우면 된다. 같은 목적을 가진 사람들과 동호회를 구성한다면 더욱 좋다.

1단계 : 달성하고 싶은 목표를 적어보자

목적이 분명할수록 좋다. ○년 후 서울에 ○○억 짜리 집, ○년 이내 ○○만 원으로 자동차 구입 이런 식으로 '시기, 금액, 용도'가 명확해야 한다. 하지만 돈에 대한 의지력이 약하거나 처음으로 돈 관리 계획을 세우는 상황이라면, 이런 '재정적 목표'라는 거창한 슬로건은 부담스럽다. 처음엔 의욕적이었다가 시간이 지나면서 관심에서 멀어지는 내 모습이 염려된다면, 지금의 텐션을 유지할 방법을 찾아야 한다. 이럴 땐 3~6개월 이내에 돈을 모아서 사고 싶은 것을 써보자. 내 마음을 설레게 하는 것이면 더욱 좋다. 나중에 그것을 달성하면 저축으로 빼돌리는 배신(?)을 하지 말고 원래 목적대로 '과감하게' 소비하자. 이런 과정을 2~3번 성공하면 그 다음에 '재정적 목표'라는 거창한 슬로건으로 가도 된다.

"3년 후 3000만원 만들기. 어떤 용도로 쓸지는 그때 정하자"
"1년 후 2000만원 만들기. 200만원은 여행비, 나머진 다시 목돈 재테크"

2단계 : 나의 위치, 재정적 특징을 파악하자

길을 잃었을 때 지도를 보면서 가장 먼저 해야 할 것은 나의 위치를 알아내는 것이라고 한다. 좋은 경로를 찾는 것은 그 다음이다. 재테크도 마찬가지다. 내 위치를 먼저 찾은 후 좋은 재테크를 찾는 순서로 해야 한다. 아래 항목들은 나의 위치를 찾는데 도움이 된다.

1) 나의 월간 소득 변동성

고정 재테크와 변동 재테크를 얼마나 할지 결정할 수 있다.

연간 1/12로 월급을 받는 직장인이라면 가장 무난하다. 소득에 맞춰 매달 고정적으로 재테크를 하면 된다. 상여금이나 격려금 등으로 1/18로 받는다면 '낮은 급여가 나오는 달'의 소득을 기준으로 고정 재테크, 초과하는 달엔 변동 재테크(가령, 펀드/ETF/주식…)로 한다.

소득이 불규칙한 자영업자나 프리랜서라면 현금 흐름이 꼬이지 않게 하는 것이 1순위 재테크다. 지난 1년 중에서 최저와 최고 소득 각 2개월씩을 뺀 나머지 8개월로 평균 수입을 계산하자. 이 소득을 기준으로 고정 재테크를 한다. 나머지 돈은 그냥 예금/CMA에 쌓는다.

2) 현재 직업으로 소득 가능한 기간

대출 테크닉을 활용할지 여부, 월간/목돈 재테크 방식을 정할 수 있다.

소득 기간이 5년 이내로 남았다면, 목돈 재테크와 대출 상환 중 하나를 선택하고, 소비/그레이존 지출 조절에 집중해야 한다. 이보다 긴 10년 이내라면 조금 애매하다. 이런 경우라면 월간 재테크와 목돈 재테크를 병행하면서 대출도 균등 비율로 탕감하는 게 좋다.

20년 정도 남았다면 가장 무난한 상황이다. 단/중/장기에 걸친 기간 분산형 재테크부터 목돈 집중형 재테크까지 모두 가능하다. 특히 소득 기간이 사실상 무한(공무원, 군인)이라면 금리 변화에 따른 대출 테크닉 활용은 필수다.

3) 향후 연간 소득 상승률

독한 재테크로 할지 무난한 재테크로 할지 정할 수 있다. 연 10% 이상 소득이 증가한다면 직무 능력에 필요한 자기계발 투자가 효과적이다. 자격증, 어학, 학력 업그레이드 등이 대표적이다. 연 5% 이상이라면 일반적인 수준이니 직업 특성에 따라서 표준적인 재테크 스타일로 가면 된다. 연 5% 이하나 소득이 늘어나지 않는 직업군이라면, 더 독한 전략이 필요하다. 이직/전직 시도하거나, 그게 여의치 않다면 자린고비 재테크로 가야 한다.

4) 매월 저축 가능한 크기

단기 재테크로 할지 장기 재테크로 할지 정할 수 있다. 의식주와 같은 기본 지출을 뺀 나머지 금액이다. 이미 하고 있던 재테크와 보험료 등 저축성, 그레이존 지출을 모두 합한 금액이다.

500만 원 이상이라면 '단기 목돈 재테크'가 낫다. 1년만 모아도 종잣돈이 되니 할 수 있는 재테크가 많아진다. 200~300만 원 사이라면 목적 자금별로 배치하든, 단기 집중으로 하든 나의 취향에 맞는 전략으로 가면 된다. 100만 원 이하라면 소비/저축/그레이존 지출을 튜닝

하자. 소득 가능한 기간 등 다른 상황을 감안해서 판단한다.

5) 주거 해결 여부

재테크에서 '주거 문제 해결 여부'는 몹시 중요하다. 단기와 장기간 재테크 비율을 결정할 수 있다.

주거가 해결되었다면, 나의 노후나 자녀 교육처럼 인생 중요 목적별 재테크로 바로 직진하면 된다. 주거가 해결되었는데도 다양한 재테크를 시도하고 있는 건 뭔가 아쉽다. 잘못하면 재테크를 위한 재테크라는 무한반복에 빠질 수 있다.

미해결 상태라면, 주거 안정화를 위해 단기간 재테크 비중을 높여야 한다. 무조건 단/중/장기로 돈을 나눠서 재테크 하면 '돈의 위력'이 분산되어 힘이 빠질 수 있다.

참고로 주거는 반드시 내 집을 사야하는 것만 있는 건 아니다. 내가 평생 거주할 공간을 누군가 제공해주는 것도 해결이다. 초장기 임대주택, 부모님 거주 주택 상속, 증여받을 계획 등이 대표적이다.

6) 추가적으로 향후 나에게 발생할 변수

결혼, 자녀 출산, 부양가족 수, 이혼, 유학, 이민, 퇴사, 상속/증여 등 1,000만 원 이상의 재정적 변수를 추가로 고려하자. 이런 변수를 미리 고려하지 않으면, 지금 세운 재테크 계획들이 뭉개지며 나중에 손해를 보거나, 굳이 할 필요 없는 처절한 재테크를 하게 된다. 참고할 만한 일반적인 필요 금액 수준은 이렇다.

- 결혼 : 각자 최소 3~5,000만 원 이상 필요

- 자녀 양육 : 초등학교 전까지 매달 (나이+1) × 10만 원 이상

- 부양 가족 : 65세 이상 부모님인 경우 매달 50만~70만 원 이상

- 주거 기본비 : 면적(평)당 1만 원

  (예 : 20평 거주 시 20만 원 = 20평 × 1만 원)

3단계 : 내게 맞는 재테크 전략과 목표 수익률을 정하자

나의 재정적 특징을 파악했다면 내게 맞는 재테크 전략과 수익률을 정하자. 전략만 선택하자면 대략 6가지 정도가 있다.

① 표준 포트폴리오

2~3년 단기부터 10년 이상 장기까지 시기별로 자금을 분산

② 목돈 재테크 전략

짧은 시기에 목돈 모아서 그 돈으로 공격적인 투자

③ 심플하게 333 전략

머리 쓰고 싶지 않은 재테크족, YOLO족

④ 인플루언서 전략

고소득 1인 크리에이터, 연예인, 1인 사업가 용

⑤ 주거 최소화 전략

주거는 최소화하고 나머지 자금으로 적극 재테크

⑥ 공무원 전략

대출을 적극 활용, 5~10년 이내 목돈 마련에 더 우선적으로 집중

4단계 : 통장 정리, 책상 정리를 하자

내 책상 위를 차지하지만 업무에 지장을 줬던 물건들을 치워야 일이 잘된다. 재테크도 똑같다. 의욕만 가득했던 수많은 나의 통장들과 신용카드들도 돈이 되게끔 깔끔하게 다듬고 각종 재테크를 잘 할 수 있도록 재테크 플랫폼을 세팅한다. 보통예금통장, CMA1, CMA2, ISA, IRP 등으로 정리하면 된다. 이 모든 과정은 계좌만 개설 할 뿐 입금이나 상품 가입은 하지 않아도 된다. 그러니 당장 필요한 돈은 0원이다. 그 후에 소비성 지출, 저축성 지출, 그레이존 지출을 튜닝하자. 자세한 내용들은 '4. 돈 관리, 통장 3개로 끝내자' 와 '5. 출발하기 전에 청소하기 - 3가지 지출 튜닝' 에 자세히 언급해 놓았다.

월세 단계 / 전세 단계 / 내집 단계, 재테크가 다르다

대부분의 사람들은 '월세 단계 → 전세 단계 → 내집 단계' 등 총 3단계를 하나씩 거치며 재산을 늘린다. 여기서 중요한 건 두 가지다. '얼마나 빨리 돈을 모았는가'와 '해당 시기에 거쳐야 할 재테크 미션을 얼마나 잘 해냈느냐'다. 특히 미션이 중요하다. 단계별 미션을 제대로 성공 못하고 돈만 빨리 모아서 넘어가면, 다음 단계에서 반드시 부작용을 겪는다. 재테크는 평생 해야 하는 생활 지식이라서 그렇다. 각 단계별 특성과 중요 포인트는 이렇다.

월세 단계

　사회 초년생, 자산이 제대로 형성되지 않은 사람들이 여기에 해당된다. 혹시 전세로 거주하고 있더라도 대출이 60~80% 이상 차지하고 있다면 역시 월세 단계다. 이 시기에 해내야 할 미션은 이렇다.

　우선 작은 돈으로 다양한 '월간 재테크' 경험을 해야 한다. 부동산을 제외한 모든 재테크를 해보는 것이 좋다. 이 시기에 하는 재테크는 투자 금액이 작아서 혹시 실패하더라도 손실이 적다. 손해는 쓰라리지만, 투자 경험이 더 중요한 시기다. 진짜 본격적인 무대는 40대에 온다. 둘째, 올바른 지출 습관들이는 미션이다. '사치를 하는 것도 아닌데 돈이 안 모인다' 말하는 사람들이 있는데, 올바른 지출이 무엇인지 모르기 때문에 하는 말이다. 모든 지출은 대부분 옳다. 다만 그 지출을 언제, 얼마에 해야 하는지 상황마다 다를 뿐이다. '지출의 선악'을 가리는 것이 아니라, 나의 상황에 맞는 가치 판단을 배워야 한다.

　이 시기를 잘 보냈다면 돈과 경험이 남는다. 돈으로 보자면 일단 1억은 넘어야 한다. 그래야 다음 순서인 전세 단계로 넘어갈 수 있다. 내가 희망하는 주택의 가격의 20% 이상으로 판단해도 된다. 여기에 위에서 언급한 다양한 재테크를 경험해봤다면 1차 통과다. 어느 TV에서 '이것저것 해봤는데 제대로 재미 못봤다'는 말을 하는 연예인이 있었다. 재테크 1단계를 성공한 것이니 안심하라고 말해주고 싶다.

월세 단계에서 주의해야 할 점이 있다.

일찌감치 삶의 품질에 너무 높은 관심을 가지면, 높은 지출로 인해 재테크 선택이 부담스러워진다. 빠져나가는 돈보다 높게 벌충하려면 더 높은 수익률로 도전해야 하며, 쌓인 돈이 적기 때문에 투자 손실/충격 흡수를 못해준다.

전세 단계

결혼 전후 또는 일찌감치 안정화를 시도하는 직장인들이 여기에 해당된다. 이 시기의 주된 관심사는 교육 환경, 주거 편의 환경, 인근 시설 환경과 같은 거주 환경이다. 월세 시절에 보는 편의 시설과 기준이 다르다. 해내야할 미션은 3지다.

첫째, 내 집 예산과 모양을 정해야 한다. 막연히 청약 통장만 부으며 살면 안 된다. 가고 싶은 지역, 주택 크기와 예산을 내 상황에 맞게 정하자. 매매로 가야할지, 청약으로 갈지를 정한다. 주택 청약이라면 내 집인지 장기임대주택인지를 알아보고 정하자.

둘째, 부동산 공부를 해야 한다. 이왕 사야하는 집이라면 투자 가치가 있어야 한다. 투자 가치가 없는 집은 매년 세금만 내니 '전세 사는 것'보다 못하다. 예산이 넉넉하다면 아파트로, 제한적이거나 자영업자라면 빌라, 내 집을 사서 내 맘대로 살고 싶다면 다가구 주택으로 정하는 것도 괜찮다.

셋째, 나의 재테크 주특기를 찾아야 한다. 월세 단계에서 다양한 재테크를 2~3년 이상 경험하다보면 뭔가 느낌이 온다. 그것을 전세 단계에서 더욱 집중해 보면 된다. 부동산, 주식, 금융 중 하나가 될 가능성이 높다. 여기에 나만의 '경험적 기대 수익률'을 보태면 된다. 이걸 기준으로 계속 재테크를 하면 성공 확률이 높아진다.

이 시기를 잘 보냈다면 두 가지가 남는다. 하나는 내게 맞는 재테크 주특기다. 재테크를 할 때마다 투자 노트를 기록했다면 내가 어느 부분에서 실패를 반복했는지 경험치도 남는다. 다른 하나는 목표로 한 내 집 분야의 부동산 지식이다. 물론 희망하는 주택의 50% 이상 돈을 모아야 다음 단계로 넘어갈 수 있다.

다만 전세 단계에서 주거공간을 넓게 잡거나, 내 소득에 비해 삶의 품질이 너무 높은 지역에 거주하면 전세를 못 벗어난다. 가령 서울 강남, 판교 등 중심지에 거주하면 외곽에 거주하는 것에 비해 30~50% 이상 생활비가 더 든다.

내집 단계

이제부터 이사를 갈지 말지는 내가 정한다. 이게 내집 단계가 주는 소확행이다. 주거가 안정되면 인격권, 자율권이 생긴다. 그러나 이와 동시에 '대출상환'이 숙제로 등장한다. 아울러 나의 노후대비 숙제도

뚜렷하게 보인다. 결혼해서 자녀가 있다면 '가족의 미래'까지 생각해야 한다. 이 시기에 해내야할 미션은 두 가지다.

첫째, 목적에 맞는 재테크를 해야 한다. 대표적인 것이 나의 노후 자금, 자녀 교육 자금, 주택담보 대출상환이다. 재테크 주특기가 있다면 이런 미션을 더 빨리 해결할 수 있다. 반드시 목표를 두지 않아도 돈을 많이 모으면 모두 해결된다는 생각은 하지 말자. 구체적일수록 달성 가능성이 높다.

둘째, 나의 두 번째 인생 직업을 정해야 한다. 남에게 월급 받으며 70대까지 일할 건지, 창업할 건지다. 이건 내 성향과 사회 경험에 따라 정하면 좋다. 내 성향은 배우자나 가까운 사람에게 물어보면 금방 알 수 있다. 만약 퇴직 후에 창업하기로 결정했다면 창업 자금을 모아야 하는 미션이 하나 더 추가된다.

내집 단계에서는 주택담보 대출상환에 집중할지 병행할지 빨지 결정하자. 어느 쪽이 나은지 정답 못 찾으면 은행에 월세 내는 월세단계로 퇴직한다.

이 시기를 잘 보냈다면 딱 한 가지가 남는다. 빚이 없는(또는 낮은) 주택으로 퇴직하게 된다. 심적으로 안정된 상태에서 충분한 여유를 갖고 창업, 재취업을 할 수 있다. 성공 확률이 그만큼 높아진다. 게다가 이제까지 쌓은 재테크 경험과 주특기가 나의 제2인생에서 생각보다 큰 위력을 발휘할 것이다. 나의 재테크는 이제부터다.

추천하고 싶은 6가지 재테크 전략, 나는 어느 쪽?

무난함을 추구하는 게 대한민국 직장인이라지만 그건 과거 이야기다. 지금은 각자 가진 삶의 방식이 존중되어야 하는 시대다. 재테크도 나의 삶의 스타일에 맞춰야 편하다. 가장 활용도가 높은 6가지 재테크 스타일을 소개한다. "그때 할 걸"이란 월급쟁이 후회의 삼각지를 맴돌지 말고 내게 맞는 재테크 스타일을 이곳에서 찾아보자.

표준 포트폴리오 전략(무난한 삶 추구 스타일)

무난한 삶을 추구하는 평균적인 직장인들에게 잘 맞는다. 향후 15~20년 이상 지속적으로 소득이 가능하면 더 좋다. 시기별로 자금이 형성되는 스타일이라, 시간이 갈수록 자산이 점점 늘어난다. 가령, 3년 후 목표로 예·적금을 굴리고, 혹시 투자 성향이 강하다면 P2P 투자로 일부 자금을 굴린다. 3~7년을 목표로 하는 목돈은 펀드, 랩어카운트로 굴리고, 혹시 여력이 된다면 APT 구입을 서두르면 주거가 빨리 안정화 된다. 이런 식으로 각각의 목적과 기간에 맞춰서 재테크를 배열하면, 경제 뉴스가 나올 때마다 조바심 내지 않아도 된다. 심리적이든 자산증식이든 모두 무난하다.

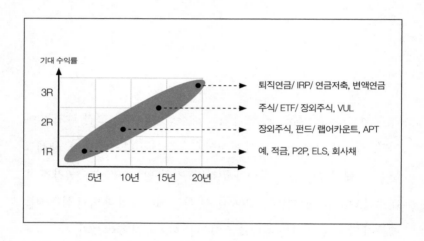

하지만 모아놓은 돈이 부족한 평균 이하 소득의 사회 초년생에겐 힘들 수 있다. 기간별로 자금을 분산해버린 탓에 4~5년이 지나도 머니파워가 생기지 않는다. 예상치 못하게 목돈이 필요한, 결혼과 같은 상황이 되면 시스템을 모두 뭉개버릴 수도 있다. 손해 본다.

매월 200만 원 재테크

분류	재테크 아이템	월간	목표시기
은행	적금1	20만	2년 만기
	적금2	20만	1년 만기
증권사 CMA	해외 주식 - 미국4, 중국4, 기타2	30만	3~7년
	잉여금	20만	
증권사 ISA	국내 주식	50만	3~6년
	국내 상장 해외ETF(배당주)		
	산업 - 배터리/ 리츠 ETF		
증권사 연금저축	산업 - 전기차, 헬스케어, 리츠	20만	10년~
	지역 - 아시아 소비재		
	해외 - 베트남, 인도, 인도네시아		
보험사	개인연금보험(20년납, 투자형)	20만	25년~
	보장성 보험(생명 + 손해보험)	15만	나도 모름

목돈 5,000만 원 재테크

분류	재테크 아이템	목표시기	기대수익
금융 중심	랩어카운트 3,000만 + ELS 1,000만 + ISA 1,000만	3~6년	2~3R
부동산 + 금융 병행	전세 포함 오피스텔/빌라 + ISA(월세로 불입)	5~10년	2R~

목돈 재테크 전략 (방망이 짧게 잡는 스타일)

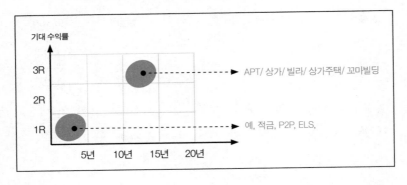

부동산 투자에 집중해서 하루빨리 꼬마빌딩 건물주가 되고 싶은 사람들에게 좋다. 부수적으로 현금 흐름이 불규칙한 프리랜서나 자영업자에게도 좋다. 이자율 따지지 말고 3~5년 만기 예적금 또는 단기 재테크 상품으로 '일단 돈을 모으는 것'에 집중한다. 목돈이 형성되면 대출 레버리지를 활용한 부동산 투자로 들어간다. 처음에는 양도 차익을 노리는 차익형 부동산으로, 차후 어느 정도 규모가 갖춰지고 본인 퇴직도 임박하면 월세 받는 수익형 부동산으로 진행하는 것이 표준 코스다. 참고로 50억짜리 꼬마빌딩을 가지려면, 대출과 임차인 보증금이 있으니 내 돈은 약 15억 전후로 들어간다. 이 돈이 적게 들어갈수록 임차인과 금리 변동으로 인한 나의 리스크는 커진다. 빌딩 임대료에서 연간 대출 이자를 뺀 금액이 연간 임대 수익인데 지역별 차이가 큰 편이다. 꼬마빌딩이 본격 상승하기 전까지 맘고생 하고 싶지 않다면 금리와 세입자 공실에 대처할 자금을 확보할 방법 정도는 고려해둬야 한다. 내가 조달하거나 주변에서 빌리거나.

심플하게 333 전략 (YOLO 스타일)

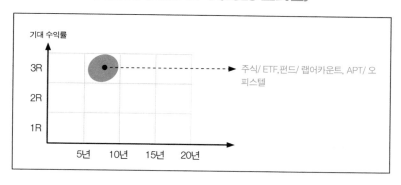

주식/ ETF,펀드/ 랩어카운트, APT/ 오피스텔

삶의 품질을 중요하게 생각하는 YOLO족, 아직 생활 규모가 정해지지 않았거나 향후 인생 방향이 정해지지 않은 사람들에게 좋다. 번 돈의 1/3은 소비, 1/3은 저축, 나머지 1/3은 소비든 저축이든 그달 상황에 따라 정한다. 자신에게 최대한의 재량을 주는 것이다. 어떤 경우든 내 소득의 1/3 이상은 누적되니 재테크에 대한 죄책감도 낮아지고 기댈 언덕도 만들어진다. 333 재테크는 5년 전후 시점을 목표로 고성능을 내도록 구성 하자. 월간 재테크라면 펀드나 주식으로 하고, 목돈으로 한다면 랩어카운트처럼 신경 안 써도 되는 금융 상품 또는 부동산으로 가자. 혹시 부동산에 투자한다면 처음엔 세입자 관리가 편한 아파트나 오피스텔이 좋다. 진상 세입자 때문에 내 삶의 품질이 망가지면 안 된다. 다 그런 건 아니지만 월세 수준이 낮을수록 세입자 관리가 더 어려워진다고 하니 참고하자.

인플루언서 전략(또는 은수저급 이상 스타일)

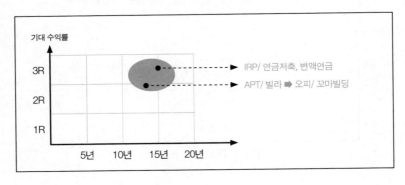

잘나가는 연예인, 인플루언서와 같은 고소득 사업자에게 좋다. 소득이 높으니 프라이드도 높지만 오래 못갈 수도 있다는 건 본인이 더 잘 안다. 단지 나쁜 미래를 상상하기 싫을 뿐이다. 당장의 현금 흐름이 좋으니 예·적금 하지 말고 10~15년 시점에 맞는 재테크로 곧바로 직진하자. 목돈은 빌라나 아파트 순서로 접근하고 금융 상품에선 ISA/IRP/연금계좌/변액연금 등 절세형 상품으로, 가족이 있다면 종신보험과 추가납입 등 절세왕 재테크를 병행하면 최상이다. 성향 따라 차이가 있겠지만 주식 투자도 좋은 방법이다. 다만 현금 흐름이 왕성한 것을 믿고 투자하는 주식 금액을 키우면 손실 볼 때 규모가 커져서 뼈아플 수 있다. 10~15개 이상 다수의 종목으로 산업별/국가별로 나눠서 투자하고, 특히 등락 사이클이 다른 종목으로 찾아서 구성하면 도움이 된다. 이렇게 세금과 10년 후를 대비하는 재테크로 여러 곳에 뿌려 놓으면 그중 몇 개는 성공한다.

주거 최소화 전략 (자녀 없는 싱글족 스타일)

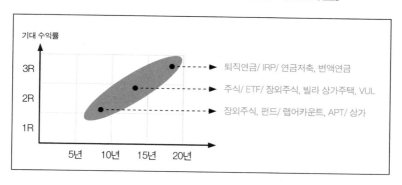

전문 재테크족은 물론 싱글족에게도 좋다. 본인의 장점을 최대한 살릴 수 있다. 자녀 교육을 위해 학교 근처 비싼 주택에 살지 않아도 되며 주거 면적을 10평대 이하로 줄일 수도 있다. 서울 기준으로 약 3~6억원 규모다. 똑같은 재건축 투자에 해당될지라도 싱글족이 부양 가족이 있는 결혼족보다 유리하다. 재건축 이주할 때도 인근의 좁고 비싼 전세로 갈 필요가 없다. 2~3년 정도 지낼 곳이니 어디로 가든 상관없다. 예·적금이나 P2P 재테크는 바로 건너뛰고, 5~20년 목표로 투자형 금융 상품과 주식 투자로 시기를 분산하되, 빠른 부동산 투자를 위해 5~10년 사이에 극대화가 되도록 더욱 비중을 두자. 싱글족이라 면 부양가족 의무가 낮다보니 심리적 여유가 높아지는 것을 경계하 자. 결혼해서 애 키우느라 하소연하는 친구들 보면 나태해지기 쉬운 데, 내가 거주하진 않더라도 주택은 꼭 사놓자. 그땐 옳고 지금은 틀 릴 수 있다. 2030 세대 싱글족에게 주택이 딱 그렇다.

공무원 전략 (평생 소득 스타일)

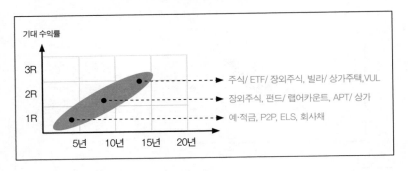

입사 10년 이내엔 박봉에 시달리니 단점, 인생을 마감하는 달까지 월급(연금)을 받으니 장점이다. 물론 지금 공무원을 시작하는 분들은 선배들에 비해 평생 받는 연금도 박봉일 가능성이 높지만, 평생 소득이 가능한 것은 상당한 장점이다. 이점을 잘 살리자. 목돈이 형성될 때까진 1~3년 목표로 예·적금, P2P, 클라우드 펀딩 등으로 시작하고 3~5년 목표로 하는 것은 ISA, 펀드, ELS, 랩어카운트 등으로 달리자. 목돈이 형성 되는대로 대출 받아서 소형 아파트를 매수, 그 후 주택 위치 업그레이드 전략으로 가자. 간혹 금리가 폭등하거나 폭락하며 시세 변동이 오기도 하지만 폭락이든 폭등이든 3~5년 이상 유지되긴 어렵다. 연말정산할 때 소득 공제를 받아서 실질 이자율을 더 낮추자. 노후를 위한 금융 상품 선택은 두 가지다. 당장의 절세만 활용할 거라면 개인연금저축으로, 집이 넉넉해서 나의 자산이 남들에 비해 우월한 상태라면 개인연금보험을 가입해두자. 만약 근무지 이동이 잦은 직업 군인이라면, 주택 비과세 요건을 다 채우지 않아도 될 수 있으니

그 점을 잘 활용하자.

최악의 두 가지 포트폴리오는 피하자

1. B 포트폴리오

단기간엔 주식 투자, 20년 이상 장기간엔 금리형 연금/저축보험/ 퇴직
연금으로 굴리는 경우다. 단기 투자로 수익을 내더라도 '투자한 원금
이 적으니' 늘어나는 돈이 적다. 그냥 기분만 좋을 뿐이다. 반면에 20
년 이상 모아 가는 큰돈은 물가로 인한 돈 가치 하락을 고려하면 실제
로 늘어나는 돈이 없다.

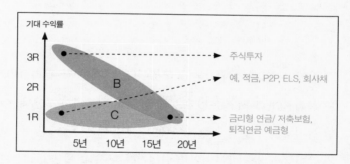

2. C 포트폴리오

아예 자본주의의 문을 닫아버린 재테크다. 장기간의 목돈 재테크인
퇴직연금을 예금형 상품으로만 굴리고, 월급도 예적금으로 굴리는 경
우에 해당한다. 시간이 지날수록 통장 잔고 숫자는 늘어나지만 돈 가
치는 그대로다. 재테크 경험도 없고 돈도 없는 상태로 갈 우려가 크다.

돈 관리,
통장 3개로 끝내자

통장은 돈 관리의 기본 플랫폼이다. 이것을 잘 관리하면 돈 관리도 쉬워진다. 흔히 용도별로 통장을 여럿 개설해서 쓰는데, 이렇게 하면 목적별로 구분되니 좋긴 한데, 내게 들어온 돈, 나간 돈, 모아진 돈 등 나의 자산을 집계하기가 불편해진다. 돈 관리에 스트레스가 많아져서 좋을 건 없다. 이제부터 월급통장, 재테크통장, 생활비통장 딱 3개만 사용하자. 월급통장은 은행에서, 나머지 2개 통장은 증권사에서 CMA통장으로 개설하자. 한 곳에서 2개 개설하든 2개 증권사에서 각각 하든 상관없다. 이제부터 설명하는 조건만 만족하면 된다.

3개의 통장 흐름도

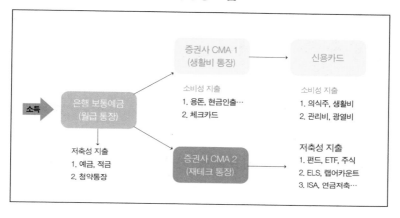

월급통장 (은행 보통예금통장)

이 통장은 월급을 받는 목적이다. 돈이 단순히 흘러가는 통로 역할만 하면 된다. 나의 소득이 이 통장으로 입금되면 CMA1, CMA2 통장으로 이체하고 꼭 필요한 금액만 남기자. 가령 은행에서만 가능한 적금, 청약통장 등 자동이체에 필요한 금액들은 이곳에 남긴다. 나머지 돈은 소비용으로 쓸 돈은 CMA1으로, 재테크할 돈은 CMA2 통장으로 이체하자. 매달 자동이체로 설정해 놓으면 편리하다.

월급통장은 타행 이체 수수료 무료 혜택이 있는 통장으로 개설하자. 매달 급여통장으로 지정하기만 해도 이런 혜택을 준다. 부수적으로 이자를 조금이라 높게 주는 곳이면 더 좋다. 은행들은 시기에 따라

특별 금리, 이체 혜택 등 다양한 프로모션을 할 때가 있다. 이럴 때 월급 통장을 교체해주는 것도 좋다. 다만 그런 혜택이 3~6개월 이내의 한정적 혜택인지, 일정 금액 이하만 고금리 혜택을 주는 꼼수인지 잘 살펴보고 정하자.

그리고 이 통장에서의 현금 인출은 자제하자. 이 통장은 나의 연간 수입과 흐름을 기록하는 것이 목적이다. 소비성 지출이 섞여지면 지저분해져서 통장을 따로 사용하는 효과가 사라져버린다.

생활비 통장 (증권사 CMA 1 통장)

의식주 비용 등 소비성 지출을 기록하는 생활비 통장이다. 이제부터 현금 인출, 전기료, 가스, 난방비, 관리비, 월세 등은 이 통장에서 하자. 분기 또는 연간 단위로 출금 내역을 살펴보면, 그동안 얼마나 소비성 지출을 했는지 간단하게 집계할 수 있다.

혹시 귀차니즘족이라면 이달 생활비가 절감되어 돈이 남더라도 그대로 놔두자. 잉여금 통장을 개설해서 이동하는 경우도 있던데 귀차니즘족에겐 고달픈 과정이다. 설상가상 다음 달에 지출이 조금이라도 높아지면 고정 생활비 입금에 더해 추가 입금을 제때 해줘야 하니 번거롭다. 이건 자신의 스타일에 따라 다르긴 하다.

좀 더 재밌게 살고 싶다면, 6개월이나 1년 단위로 이렇게 남는 돈을 체크하여 그 중 절반은 나를 위한 성과급으로 나머지는 재테크 통장(CMA2 통장)으로 보내는 것도 좋다. 이 통장을 개설할 땐 간혹 현금 인출이 필요할 경우가 있으니 때 현금 인출 가능한 체크카드도 동시에 발급 신청하자. 잘 고르면 혜택이 있다고 하는데, 돈을 써야 할인되는 구조라서 그다지 메리트는 없는게 보통이다.

현금 인출은 증권사에 따라 지정한 은행만 되는 곳부터 유명 편의점 현금인출기까지 다양하다.

통장을 고를 때는 수수료 없이 현금인출 가능한 곳이 얼마나 다양한지, 타행이체 수수료 면제는 몇 번이나 해주는지, 적용해 주는 금리는 얼마나 높은지 등 내가 중요하게 생각하는 순서로 감안하자. 일단 타행 이체 수수료가 없고, 현금을 내가 원하는 곳에서 수수료 없이 인출할 수 있다면 기본은 된다.

다만, 매달 월급 통장에서 생활비 통장으로 이체할 때 필요한 생활비만큼 빠듯하게 맞춰서 그때마다 입금하려고 하지 말자. 신용카드 결제 대금 등이 시차를 두고 오기 때문에 일일이 맞춰서 입금하려면 스트레스 받을 수 있다. 잘못하면 신용카드 연체로 인해 신용점수만 나빠질 수 있다. 필요한 생활비보다 좀 더 여유 있는 금액으로 이 통장에 쌓아두자. 빠듯하게 입금하는 노력보다 계획적 지출에 힘쓰는 것이 더 낫다.

신용카드 결제일자 변경 (CMA 1 소비용 통장)

이참에 생활비 통장(CMA 1)의 신용카드 결제일자도 변경하자. 흔히 전월13일~이달12일까지 사용한 것을 27일 쯤에 결제하는 방식을 선호하는데 돈 관리 차원에서 보자면 좋지 않다. 나의 월간 소비량을 감잡기 어렵기 때문이다. 보통 지출 개념은 월간 단위다. '전월 13일부터 이달 12일까지 얼마 썼지?' 로 이해하진 않는다.

이제부터 '매달 1일부터 말일'까지 사용한 것을 다음달 13~15일 사이에 결제하도록 변경하자. 이렇게 변경해 놓으면, 카드 명세서도 매달 1일~말일까지 사용량으로 리포트 해주니까 깔끔해진다.

재테크 통장 (증권사 CMA 2 통장)

이 책에서 소개하는 모든 금융 상품, 주식 재테크를 이곳에서 하면 된다. 증권사 시스템들이 계속 '자산관리' 특성으로 진화하고 있기에, 언제든 로그인 하면 실시간으로 나의 총 자산이 한 눈에 보인다. 여기저기 은행, 증권사에 널려있던 통장들의 잔고와 가입한 금융 상품 목록을 가져와서 총 합계를 내는 방식에 비해 훨씬 간편하다. 평상시 관리도 편하다. 시장 상황에 따라 펀드에 추가 불입, 중도 환매 등 관리를 해야 할 때, 이곳저곳 로그인해서 하다보면 번거롭다 못해 지친다. 이제부터 재테크 통장은 증권사 한 곳을 지정해서 활용해 보자.

통장을 고를 때는 첫 번째로 증권사의 재정 안전성을 파악해야 한다. 증권사는 재정적 체력이 은행이나 보험사에 비해 약한 편이라서 갑자기 고객들이 자금 인출을 시도하는 뱅크런이나 약간의 금융 사고로도 휘청거릴 수 있다. 두 번째가 금융 상품의 다양성이다. 이 통장에는 나의 가장 큰 돈이 쌓여 있게 되니 적용 이자율이 높은 곳이 좋다. 아울러 다양한 종류의 금융 상품이 있는지도 중요하다. 나의 재테크가 제한되어 좋을 게 없기 때문이다. 세 번째가 편리성이다. 국내외 주식투자, 금융 상품 거래할 때 편해야 좋다. 최근 주목받고 있는 '매달 자동 주식/ETF 매수'나 해외 주식 '소수점 투자' 등이 대표적이다. 가령 소수점 투자 방식을 이용하면, 30만 원으로도 미국 나스닥에 상장된 아마존주식에 투자할 수 있다.

다만, 재테크 통장에선 소비성 지출이나 자잘한 현금 인출은 '절대로' 하지 말자. 5만 원, 10만 원 현금 인출 기록이 남겨지면 자산관리 통장도 지저분해진다. 물론 전세 보증금, 부동산 투자 등 목돈을 크게 써야할 상황이면 그건 예외다. 부동산 거래는 이체 금액이 수천만 원~수억대로 높다. 필요한 날짜보다 1~2일 전에 앱 또는 지점에 방문해서 타행 이체 한도 금액을 미리 올려놓자.

신용카드 정하기

신용카드는 지금 내 통장에 돈이 없어도 돈을 쓸 수 있게 해준다.

눈에 보이지 않는 돈을 쓰게 하니, 나의 숫자 개념을 뭉개는 역할도 한다. 이로 인해 과소비가 늘어날 수 있다고 한다. 하지만 잘 골라서 현명하게 지출하면 현금만 쓸 때보다 이득이 훨씬 크다. 신용카드에서 주는 혜택과 할인되는 조건을 따져서 사용하자. 효과로만 본다면 월간 소비 금액 30~40만 원 당 1개의 신용카드일 때가 가장 최적이다.

1) 신용카드 혜택 고르기 - 페이백, 할인, 포인트형

월간 30~40만 원 사용 시(전월 실적), 1만 원 이상의 혜택이 있는지를 기준으로 고르자. 유리한 조건을 가진 순서대로 나열하면 이렇다.

- **페이백**(Pay-Back) **방식**

  다음 달에 결제할 모든 금액에서 혜택 받은 금액을 빼준다. 소비 조건이 따로 붙지 않으니 가장 깔끔하다.

- **지정 소비 할인형**

  통신비, 교통, 유류비, 쇼핑, 커피, 영화, 도서, 외식비, 관리비 등 내기 미리 지정한 소비를 할 때에 한해서 깎아준다. 추가 소비를 해야 할인 되는 방식이니 과소비 염려도 있다. 흔히 '할인의 유혹'으로도 불린다. 하지만 반드시 해야 하는 지출인 관리비, 통신비, 교통비라면 할인 효과는 페이백 방식과 동일하니, 이런 할인 카드를 우선 사용하자.

• 포인트 형

신용카드사가 지정한 쇼핑몰에서 물건을 살 때나 지정한 소비처(음식점 등)에서 쌓여진 포인트로 결제하는 방식이다. 다른 쇼핑몰보다 판매 가격이 비쌀 수도 있고 소비를 해야 할인되는 방식이라서 실제 할인 효과는 가장 불리할 수 있다.

2) 돈에 대한 숫자 개념이 약하다면 현금봉투

최고의 돈 개념을 원한다면 현금을 봉투에 담아서 쓰는 방법이 좋다. 지출할 돈을 미리 빼서 다녀야 하는 불편함, 돈을 낼 때의 시각화 덕분에 소비성 지출 조절에 최강이다. 불쌍하다며 자신의 신용 카드로 긁어주는 친구들의 은혜로움은 덤이다.

그러나 신용카드, 직불카드, 현금봉투 어떤 방식이든 나의 돈 개념이 없어서 벌어지는 과다한 소비성 지출을 100% 조절할 수는 없다. 과다 소비한 원인이 나인데, 해결 방법을 외부에서 찾고 있기 때문이다. 그럴 땐 베스트셀러『돈의 속성』을 읽어보자. 소비와 투자에 대한 혜안을 얻을 수 있을 것이다.

출발하기 전에 청소하기
3가지 지출 튜닝

자동차나 오디오의 부품을 최적화해서 성능을 끌어올리는 것을 튜닝 작업이라고 한다. 내 통장의 지출도 이렇게 해보자. 자산 증식이 더욱 빨라진다. 대상은 소비성 지출, 저축성 지출, 그레이존 지출 3가지다. 불필요하게 나가던 소비성 지출은 줄이고, 성능 떨어지는 저축성 지출은 좀 더 달릴 수 있게 바꾸고, 보험이나 대출 같은 애매한 그레이존 지출은 원칙을 두고 다듬는 것이 포인트다. 참고로 소비성 지출은 처음부터 급격하게 줄이면 2~3개월 후 요요현상으로 좌절할 수 있으니, 우선 5% 정도만 절감하고 4~6개월 후 다시 조금씩 조절해가는 방식이 가장 좋다. 헬스나 다이어트와 비슷하다.

소비성 지출

이것을 줄이면 여윳돈은 늘어나지만 삶의 질은 낮아진다. 내가 원하는 수준을 생각한 후 평균적인 소비 비율부터 체크하자.

- **소비성 지출이 나의 소득 대비 70%를 초과하는가?**

  엥겔지수가 높은 저소득자, 대가족을 제외한다면 일단 조절 대상이다. 만약 부모님 집에 거주한다면 50%만 초과해도 조절 대상으로 본다.

- **월세(or 전세자금대출 이자)가 내 소득의 20%를 초과하는가?**

  이 수치가 높으면 월간 저축이 잘 안 된다고 한다. 남의 집이니 시세가 올라도 내 것이 아니다. 쉽진 않겠지만 더 나은 미래를 위해 주거 규모와 지역 변경을 고려하자.

- **소비성 지출을 조절할 때 연간 단위로 판단하자.**

  친구에게 쏜 음식값 10만 원보다 매달 나가는 할부금 1만 원이 더 크다. 연간으로 환산하면 음식 값은 10만 원, 할부금은 12만 원이다. 조절해야 한다면 1만 원 할부금이 먼저다.

- **조절해도 지장 없는 것이 있다.**

  콜라랑 사이다는 눈 감고 마시면 10명 중 8명은 양쪽 차이를 모른다고 한다. 이런 류의 소비는 낮춰도 된다. 가령 LTE와 5G, GIGA인터넷과 500MB 인터넷, S통신사와 알뜰폰 통신사 모두 지출한 만큼 차이를 내지 않는다고 알려져 있다.

- **결제 방법을 바꾸면 절약되는 것을 찾자.**

   지역 화폐나 제로페이 같은 지자체가 발행한 페이(Pay) 등을 활용하면 식비, 의류비, 학원비 등을 소비할 때 7~10% 할인 된다. 상품권 할인 테크닉도 있다. 저렴하게 상품권을 구입 후 60% 이상 사용 후, 잔액을 현금 환불하면 절감액이 높아진다. 이건 상품권 약관마다 기준과 효과가 달라진다.

저축성 지출

통장에서 나간 후에 다시 내게 돌아오는 지출이다. 이왕이면 크게 돌아오는 것이 좋으니 그 부분이 제대로 작동 되는지를 체크하자.

- **나의 월간 저축성 지출 비율이 20% 이하인가?**

   저축량이 너무 적다. 엥겔지수가 높은 저소득자, 대가족을 제외한다면 일단 조절이다. 만약 부모님 집에 거주하는데도 50% 이하라면 정신 차려야 한다.

• 나의 월간 재테크 중에서 투자형 재테크 비율은?

100에서 나의 나이를 뺀 숫자가 적절한 투자 비율이라고 한다. 가령 35세라면 65% 이상(100-35세)을 투자형 재테크로 하고, 시장 상황에 투자 비율을 변경하자.

• 나의 총 자산 중에서 투자형 자산 비중이 20% 이하인가?

부동산을 뺀 나머지 자산으로 평가한다. 20%보다 낮으면 자산 증식이 느려지니 좋지 않다. 다만 경기 침체, 시장 하락기, 목돈 인출이 임박한 시기라면 이렇게 해야 좋다.

이제 디테일이다. 우선 금리형 재테크를 살펴보자. '예·적금, RP, MMF, 달러예금, CMA, 예금을 선택한 퇴직연금' 등이 점검 대상이다.

• 만기 또는 굴리는 기간이 5년 이상인가?

월간 불입금 감액 또는 정리할 대상이다. 이런 금리형 상품은 가급적 3년 이내로 하고, 아무리 길어도 5년은 넘기지 말자. 금리 방식으로는 내 돈이 늘어나지 않는다. 단, 청약 통장은 제외다. 이건 특수 목적이라서 그렇다.

• 나의 연간 소득의 2배 이상의 목돈을 만들었다면?

연소득 2배 이상의 목돈을 모았다면, 가계의 재정 변동성에 대한 안전판이 확보된다. 재정 변동성을 견딜 수 있으니, 전보다 더 적극적인 재테크를 시도하는 것이 좋다.

다음은 투자형 재테크를 살펴보자. 주식, 투자형 금융 상품 및 P2P 같은 대안투자 등이 점검 대상이다.

- **지난 3~5년간의 연평균 수익률이 2R 또는 3R 이상인가?**

  3R 이상이라면 일단 만족, 2R 이상이라면 시장 상황에 따라 판단하자. 시장이 상승기라면 조정 대상, 하락기라면 엄청난 선방이니 잘 한거다. 만약 3년, 5년 모두 2R 이하라면 일단 조절을 검토하자. 투자하는 저축성 보험이라면 하위 펀드 변경이 필요하다.

- **지난 3~5년간의 연평균 수익률이 시장 평균보다 높은가?**

  투자한 국내 주식이 20% 상승했다면 기분 좋다. 그러나 그 기간 동안 코스피도 20% 상승했다면 잘 한 재테크가 아니다. 이렇게 시장 평균과 비교해서 게으른 재테크를 찾아내자.

이제 저축성 보험, 개인연금보험이다. 중도 해약 시 원금 손해가 있을 수 있으니 신중하게 판단하자.

- **저축성 보험료가 월간 소득의 20% 이상 비중인가?**

  10~20년에 걸친 납입과 유지라서 월 20%를 넘어가면 부담스러울 수 있다. 가입했던 목적과 나의 남은 소득 기간을 동시에 고

려해서 판단하자.

• 저축성 보험에서 금리형 비중이 50% 이상인가?

초장기간에 걸친 저금리로 인해 자산 증식에 지장을 줄 수 있다. 상속, 증여, 양도세 등에서 이득이 크지 않다면 투자형 저축보험 비중을 높이거나 다른 대안을 찾아보자.

끝으로 부동산이다. 남들보다 덜 오르는 부동산인지 파악하는 것이 핵심이다. 다만 거주하는 주택은 투자 전용 부동산과 판단 기준이 조금 다르니 주의하자. 지역이 주는 심리적 편안함, 가족과의 추억 등 비재무적 요소들이 많아 단순 지표로만 판단하면 안 된다.

• 내가 거주 중인 부동산(내 소유)

3~5년간의 부동산 실거래가 추세를 보자. 비슷하게 움직여도 좋고 주변 대비 더 높으면 아주 좋다. 인근의 랜드마크 아파트나 거점 지역과 비교하면 더 잘 보인다.

• 내가 투자한 부동산

3R 이상이라면 매우 좋고, 2R 수준이라면 시장 상황 따라 판단한다. 평가는 내가 투자했던 자본금 대비 상승률로 판단한다. 가령 내 돈 5,000만 원으로 전세 끼고 3억짜리 부동산을 사서 5년 후 3억 5,000만 원이 되었다면 연간 수익률은 20%가 된다.

- **내가 임차중인 부동산**

  1억 이상 전세로 5~6년 이상 거주하고 있다면 점검 대상이다. 계속 강조하지만 물가로 인한 돈 가치 하락 때문에 이렇게 하면 손해가 커진다.

그레이존 지출

미래 상황에 따라 소비성, 저축성으로 바뀌는 지출이다. 대출과 보험이 대표적이다. 우선 대출부터 점검해 보자.

- **3.3.4 대출에 해당 하는가?**

  총 자산의 30% 이상, 월간 소득의 30% 이상 원리금 상환, 4% 이상의 대출이자라면 일단 점검 대상이다. 만약 전세대출이라면 소비성 지출이니 이사를 고려하고, 주택담보 대출이라면 그동안의 투자 성과와 아래의 이자율로 판단한다.

- **대출 이자율이 어느 수준인가?**

  3R 이상은 상환 최우선, 2R 수준은 나의 투자성향과 가계 상황 및 경기 흐름에 따라 판단, 1.5R 이하는 상환하기 보단 다른 재테크와 병행하는 것이 무난하다.

보장성 보험은 하위 특약이 너무 많아 복잡하다. 일단 가볍게 아래로 판단하고, 자세한 것은 책 후반부 보험 편을 참고하자.

• 월간 소득에서 보장성 보험이 10% 이상인가? (또는 4% 이하인가?)

너무 높으면 유지가 부담, 너무 낮으면 보험금 받아야 할 위기 상황일 때 실제적인 도움이 안 된다. 자녀가 있는 3~4인 가정이라면 10% 이내, 싱글이라면 4~7% 범위가 적절하다.

• 가입한 보장성 보험이 1인당 4개 이상인가?

조절 대상이다. 관리가 불편하고, 보장의 공백, 보험료 과다지출이 발생할 수 있다. (자동차보험과 주택화재보험은 재물 특성이라 합산 제외)

• 주택화재보험료, 운전자보험료가 월 5만 원 이상인가?

아파트 25~32평 기준으로 2만 원 이하, 운전자보험도 사무직 직장직은 2만 원대 이하로 할 수 있다. 적립금이 많거나 기타적인 보장이 들어간 것이다. 상세 보험 내역을 살펴볼 필요가 있다.

이렇게 지출을 튜닝 할 때 부수적으로 연말정산 세금까지 하면 더좋다. 가령 연간 총 소득 대비 '실질 세율이 10%' 이상이라면 살펴보자. 다만 절세 혜택 받겠다고 대책 없이 금융 상품에 가입해버리면, 차후 대가가 클 수도 있으니 신중해야 한다.

전세로 6년 이상 살면 살면 손해다

1억짜리 전세 기준으로, 내 돈이 1~2,000만 원 줄어든다. 물가로 인한 화폐가치 하락 때문이다. (전세 보증금에서) 수천만 원 손해 보는 걸 놔둔 채, 다른 돈으로 열심히 재테크를 하는 건 난방하면서 에어컨 켠 집에 사는 것과 같다.

1억 원의 화폐 가치

투자 기간	물가 3% 시	물가 4% 시	물가 5% 시
3년 후	9,151만 원	8,890만 원	8,638만 원
5년 후	8,626만 원	8,219만 원	7,835만 원
10년 후	7,441만 원	6,756만 원	6,139만 원

경제와 시장을 보는
4가지 포인트

금리, 시장을 움직이는 수레바퀴

수요와 공급, 정책, 환율, 투자 심리, 금리 등 시장 경제를 움직이는 요소는 많다. 이 중에서 금리는 거시적인 역할을 한다. 은행의 지급준비율과 금리에 영향받는 채권시장의 이동에 즉시 영향을 준다. 가령 은행은 지급준비율에 의해 100원을 수신하면 900~1,000원을 시장에서 활용하는 합법적인 레버리지 사업을 한다. 금리가 변하면 9~10배만큼 변화가 생긴다. 금리를 따라다니는 거대 자본도 이를 따라 움직인다. 재테크를 이해하는데 금리 지식이 필수인 이유다. 앙드레 코스톨라니의 달걀 모형 이론으로 쉽게 이해해 보자.

- **A구간**

금리가 내려가면 채권가격이 상승하니, 채권 투자가 유망해진다. 채권은 비교대상인 시중 금리가 내려갈수록 상대적으로 유리해지기 때문이다. 낮아지는 금리 때문에 예금 인기가 점점 떨어진다.

앙드레 코스톨라니의 달걀 모형 이론

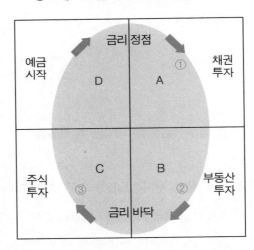

- **B구간**

금리가 더 내려가면 대출이자 부담이 낮아지니 레버리지 투자자들이 늘어난다. 특히 부동산은 대출이 필수인지라, 가장 빠르게 영향을 받는다. 수요가 몰리니 부동산 시장이 상승하기 시작하고 주식 시장은 서서히 좋아진다. 금리가 낮으니 모험을 하더라도 투자하는 게 낫다는 심리가 확산된다.

• C구간

금리가 저점을 찍고 올라가기 시작하면 부동산 투자자는 심리적으로 대출이자 상승 압박을 받는다. 주식 투자자들은 여전히 낮은 금리 때문에 투자자산(높은 변동성) 선호하게 된다. 일종의 주식 시장 활황기 끝물인 셈이다. 투자 성공자들의 재테크 책이 집중 출간되는 시기다.

• D구간

금리가 더 높아지면 고위험 투자보다 안전자산이 더 선호된다. 충분히 높아진 금리 덕분에 '예전보다 높은' 수익을 얻을 수 있으니, 굳이 투자 위험을 감수할 필요가 없다. 주식투자 인기가 떨어진다. 주택 시장도 대출 금리가 상승하면서 매수자가 줄어들고 거래가 뜸해진다. 매도자와 매수자의 심리 싸움이 시작된다.

참고로 대부분의 중수급 이상의 투자자(시장 참여자)는 '선행적으로' 움직인다. 부동산 투자자는 ①번 시점에서, 주식 투자자는 ②번 시점부터 본격적으로 움직인다. 주식 투자자의 경우엔 대형주, 중형주, 소형주 간에 움직이는 시점 차이가 있다.

예를 들어 삼성전자, 현대차 등 시가총액 20조 원 이상의 대형주라면 A구간 지나면서부터, 이보다 규모가 낮은 시가총액 10조~1조의 대형주와 중형주는 2번 시점부터, 시가총액 4~5천억대 소형주는 3번 시점에서, 뜬구름 같은 소문만으로도 움직이는 잡주들은 D구간에서 활발하게 움직인다.

M2통화량, 시중에 풀린 돈의 규모

투자 시장을 움직이게 하는 큰 변수 중에 M2 통화량이 있다. 금리랑 맞먹을 정도로 큰 영향을 준다. 광의의 통화량이라고 표현하는데, 그냥 시중에 풀려 있는 돈으로 이해하면 된다. 가령, 정부가 돈을 2배로 시중에 풀어버리면 내 통장에 있는 돈의 가치는 반토막 나고 실물 자산(부동산)은 2배로 오르게 된다. 과거 미국 대통령이 아메리카 퍼스트 우선주의 정책을 위해 발행한 수많은 달러 때문에 전 세계 실물자산, 그중에서도 부동산 자산 가격이 일제히 상승한 것이 그 예다.

대한민국으로만 놓고 보면, 지난 10년간의 M2 통화량은 매년 꾸준히 늘어났다. 2012년 대비 시중에 풀린 돈이 2배 이상 늘어났으니 단순하게 '변동량'으로만 본다면 실물 자산이 2배 이상 올라야 정상인 셈이다. 물론 실제로 경제가 2배 만큼 성장해서 통화량도 그에 맞춰서 2배 늘려야 했던 것이라면 매우 무난했겠지만, 현대의 자본주의에선 어딘가를 정복해서 식민지로 삼지 않는 한 그런 건 별로 없다고 한다. 대부분의 국가들은 인위적으로 통화량을 늘려 경제를 성장 시키는 방식을 자주 사용한다.

각종 경제 지표, 공식은 아니지만 오긴 온다

경기를 읽는 방법으로 경기종합지수(CI지수, Composite Index)가 있다. 경기에 민감한 항목들의 값을 모아서 지수로 표시한 것이다. 선행지수(Leading)는 수개월 이후의 경기 동향을 예측, 동행지수(Coincidence)는 현재를, 판단하는 목적으로 사용한다.

지수 구분	평가에 반영하는 개별적인 항목들
선행지수 Leading	기업경기실사지수, 건축허가면적, 자본재수입액, 설비투자추계지수, 재고순환지표, 총유동성, 종합주가지수 등
동행지수 Cidence	비농가취업지수·산업생산지수·제조업가동률지수·도소매판매액지수·건설기성액·수출액·수입액 등

일반적인 재테크족이라면 선행지수와 동행지수를 살펴보면 된다. 기존 대비 증감 변화량을 보는 것이 포인트다. 기존보다 증가하면 좋아지는 것으로 판단한다. 경기선행지수가 수개월 동안 기존 대비 증가하고 있다면, 향후 경기가 좋아질 것으로 예상해 볼 수 있다.

부동산 분야도 각종 지표들이 있다. 주택건설 인허가 물량, 미분양 추세, 경매 낙찰가율, KB선도아파트50지수*의 증감 전환 등은 시장 변화를 예견하는 선행적 지표다.

---

* 상위 50개 APT 단지 시세 흐름을 지수화한 것. 시장보다 1~2개월 정도 선행한다고 알려져 있다.

대륙별 흐름은 각자 다르다

글로벌 경제가 하나로 묶여서 가는 추세지만, 국가별로 온도차가 있다. 과거 경험상 이런 추세는 18~36개월 정도 길게 지속되는 특성이 있었다. 일종의 큰 경기 흐름이다. 확인하는 방법은 인베스팅닷컴 또는 내가 거래하는 증권사 HTS 프로그램을 이용하면 된다.

미국의 다우존즈와 나스닥지수, 중국의 상해종합지수, 홍콩의 항생지수, 일본의 니케이지수, 독일의 DAX 지수, 영국의 FTSE 100 지수 등 국가별 지수들끼리 차트로 비교해서 살펴보자. 각 국가별 흐름이 겹쳐지면서 병행해서 가는 국가들과 유난히 다르게 가는 국가 등 다양한 형태가 보일 것이다.

이러한 대륙별, 국가별 경기 흐름을 비교해본 후 투자 비중을 조절하거나 아예 더 긴 시간을 기다리며 역발상으로 투자하는 것도 좋다. 이럴 때의 추가적인 관전 포인트는, 하루하루의 변화를 보기보다는 주간/월간 추세로 살펴보는 것이 더 낫다는 점이다. 이런 방법들은 내 돈을 어느 지역/어느 산업 영역에 올려놔야 할지 감을 잡는데 부수적인 도움을 준다.

MEMO

경제 기사 보는 방법

시간이 많다면 경제기사 보는 책을 읽는 것이 좋다. 그러나 용어가 너무 많다. 한 번에 이해하기 어려우니, 경제 신문 기사를 일주일 마다 한 번씩 살펴보는 것을 추천한다. 매일 매일 변하는 기사를 읽으면 헷갈릴 수 있으니 일주일 단위로 보는 것을 추천한다. 이렇게 하면 일하는 시간을 뺏기지 않으면서도 굵직한 트렌드를 오히려 더 잘 구분할 수 있다. 중복된 내용들이 3~5주 이상 지속적으로 언급되면 중급 대세로, 6~10주 이상 지속되면 완전한 대세로 본다.

만약 경제 리포트를 읽을 여유가 된다면, 신뢰할만한 기관의 경제 리포트를 분기별로 읽어 보자. 한국개발연구원(KDI), 삼성경제연구소 SERI, LG경제연구원, 현대경제연구원은 필수다. 부동산 투자자라면 KB리브온(https://kbland.kr)도 필수다.

초보에게 추천하는
재테크 3년 코스

초보 시절에 해야 할 공부 중 하나가 다양한 재테크 경험이다. 일종의 가이드 역할을 위해 3년 정도에 걸쳐 따라 해볼 만한 코스를 소개한다. 여기에서 언급된 금융 상품 중 생소한 것은 이 책의 금융 상품 소개로 가면 자세히 볼 수 있다.

~1개월 : 적금에 가입하자

매달 50만 원씩 1년 만기로 가입하자. 저축은행 등 제2금융권을 이용한다면 좀 더 금리가 높다. 주택 마련에 도움 된다는 청약통장도 가입해 두자. 다만 자산증식은 전혀 안되니, 향후 주택 청약할 방향(민영주택,

공공주택)에 따라 납입할 금액을 정하자.

~2개월 : 적립식 펀드를 '정액적립식'으로 가입하자

3년 만기 & 매달 15~30만원을 고정적으로 불입하자. 처음에는 KOSPI(대한민국 종합주가지수)를 따라가는 '인덱스 펀드'가 제일 무난하다. 펀드에 가입하면 분기별로 운용 보고서를 받는다. 처음 2~3년간은 오프라인 우편으로 받자. 종이가 주는 가시적인 효과 때문인지 재테크 공부하기에 좋다. 좀 더 잘해내고 싶다면 ISA 통장을 개설 후 펀드에 가입하면 세제 혜택이 기다리고 있다. 다만 만기가 3년이 넘어야 혜택을 준다.

~3개월 : 다른 특성의 적립식 펀드를 2개 더 가입하자

국내 펀드 1개, 해외 펀드 1개로 해보는 것도 좋다. 3년 만기와 매달 30~45만 원, 그리고 자유적립식으로 해보자. 가입 후 6~12개월 시점에 주가가 내려가서 내 펀드 수익률이 -10%가 보이면 기뻐하자. 마이너스 수익률이니 좌절이겠지만 저가 매수할 찬스 BLASH(Buy Low and Sell High)이기도 하다. 추가 불입(투자)을 고려해 보자. 좀 더 잘해내고 싶다면, 노후대비 목적과 연말정산 혜택을 위해 매달 10만 원짜리 연금저축펀드도 가입하자.

~4개월 : 이번에는 목돈 투자다

목돈 투자는 매달 붓는 적립식과 달리 시세 등락에 따라 나의 마음이 불편할 수 있다. 그렇다고 계속 은행 예금만 고집할 순 없다. 처음에는 그레이 상품의 대표주자 ELB(ELD)로 시동을 걸자. 플러스 수익이 나면 좋고, 혹시 마이너스 수익이 나더라도 만기를 채우면 소중한 원금을 돌려주니 안심이다. 내 월급의 1~2배 정도의 금액으로 1년 6개월 이내의 만기로 하는 것부터 해보자.

~5개월 : 주식을 매달 30~45만원씩 사서 계속 모아가자

투자 등락에 일희일비하는 쫄보 심장이나 시간이 바쁜 직장인이라면 펀드처럼 '자동 매수'로 걸어 놓는 것도 좋다. 근무시간에 화장실에서 주가를 보며 얼마에 매수해야할까 고민하지 않아도 된다. 그렇다면 어떤 주식을 자동매수 할까? 전에 가입한 펀드에서 보내준 운용보고서에 나오는 주식 종목들 중에서 1~2개 고르는 것도 괜찮다. 펀드매니저가 엄선해서 고른 종목이니 쓰레기급 주식 정도는 가볍게 피할 수 있다.

주식 투자는 모의투자로 3년

평정심은 성공 투자의 기본이다. 주식 모의 투자를 하면 평정심과 투자 연습 두 가지 모두 얻을 수 있다. 어느 증권사든 이런 모의투자 서비스를 제공하니 1억~3억으로 통 크게 연습해 보자. 다만 주의할 것이 있다. 3억 정도로 통 크게 굴리다보면 수익이 수천, 수억 원으로 꽤 크게 나기도 한다. "실제 내 돈으로 했으면 이만큼 버는 건데" 아쉬움이 솟구친다. 그러나 그건 내 생각일 뿐이다. 실제 내 돈으로 수억 원대를 투자했다면 심리적 조바심 때문에 그렇게 못 버틴다.

~6개월 : 매달 30만원으로 원자재 펀드에 가입해 보자

원자재는 주식보다 들쑥날쑥 정도가 심하다. 곡물, 광물, 원유, 금, 은 등 종류가 다양하니 취향대로 고르자. 무난하게 가고 싶다면 금이나 은 관련 펀드로, 변화를 거세게 겪어보고 싶다면 원유 펀드 정도에서 골라보자. 경제 신문에서 국가 간 분쟁, 석유수출국 협의회 OPEC에서의 증산/감산 등 변곡점 기사가 나올 때 판단하면 좀 더 나을 수도 있다. 다만 최소 5년 이상 자동이체 할 생각으로 투자하자.

~9개월 : 시장 상황을 봐서 공모주 투자를 하자

서서히 경제 기사가 익숙해질 테니까 월급의 1/2 정도 금액대로 시도해 보자. 공모주는 코스피, 코스닥에 처음으로 등장시키는 주식이다. 시가총액 5,000억 원대 이상에서 고르면 이미 들어봤음직한 회사니까 사업 내용과 향후 전망을 이해하는데 유리하다. 주의할 것이 있다. 초보 시절에는 기술특례상장 공모주는 신중하자. 상장 자격조건엔 미달이지만 특별히 통과시켜 주는 지라, 회계 투명성을 깊이 있게 검토해야 한다.

~12개월 : 1년쯤 지났으니 1차 점검 시기다

기존에 투자한 주식, 펀드에서의 플러스 마이너스 수익이 보인다. 혹시 -20% 이상 하락한 펀드라면 슬퍼하지 말고 기쁘게 여유자금을 추가 불입하는 기회로 삼자. 이와 반대로 +20%이상 수익이라면 지금 환매해서 수익을 실현할지 3년 만기까지 유지할 지 판단하자. 추가불입과 환매를 결정하려면 시장 분위기를 보면 도움 된다.

MEMO

재테크 마인드를 꾸준히 유지하고 싶다면

주간 단위로 자동 이체되는 금융 상품에 1개 정도 가입하자. 26주 짜리 간이 적금, 매주 하는 펀드 뭐든 다 좋다. 매주 도착하는 '입금 안내 문자' 덕분에, 나의 머릿속에 재테크 마인드를 항상 유지할 수 있는 효과가 높다. 이왕 하는 거라면 매주 1만원 투자하는 펀드를 추천한다.

1년 ~ : 랩어카운트 프로의 세계로 가자

만기가 된 예·적금의 절반은 다시 예금으로 재예치, 나머지 절반은 전문가들이 굴려주는 랩어카운트 상품에 가입하자. 내 월급의 2~6배 이내부터 시작해 보자. 상품별로 가입 최저 금액이 있으니, 실제론 내 소득에 따라 선택할 수 있는 랩어카운트 상품이 달라진다. 참고로 랩어카운트는 운용 매니저들이 고르는 주식 종목이 실시간으로 보인다. 나의 실시간 주식 투자 종목 발굴에 활용하자. 물론 아직까진 모의 주식투자로 하고 있길 바란다.

1~2년 사이 : 3년 만기 & 노낙인 ELS 상품 가입하자

만기가 된 ELB(ELD)를 찾게 되면, 아마도 약간의 수익이 났을 것이다. 혹시 원금만 돌려받았더라도 실망하지 말자. ELB의 원금보호 때문이다. 원금보장이란 안전지대를 벗어나서 좀 더 달려보려면 증권사에서만 판매하는 ELS가 대안이 된다. ELB(ELD)처럼 원금보호는 안되지만, 더 높은 수익을 시도해 볼 수 있다. 처음엔 월급의 1~3배 수준 이내에서 가입하자. 한 가지 팁이 있다. 시장 분위기가 하락장으로 나쁠 때 ELS에 가입하는 것이 대체로 유리하다.

~2년 : 부동산 투자 시동을 걸자

주식과 금융 재테크만 하면 통장 잔고가 커진다. 사람의 뇌는 상대적 판단을 하니까 덩달아 나의 심리도 넉넉해진다. 과소비와 지나친 자신감을 주의하자. 서서히 부동산 투자로 시동을 걸어볼 때가 되었다. 부동산 시장은 주식 시장 사이클과 6개월~12개월 이상 차이가 난다. 조금 더 빨리 또는 늦게 사이클이 변한다. 덕분에 서로 보완하는 장점도 있다. 재테크 초보자에게 가장 무난한 것은 내 집 마련과 오피스텔 투자 분야다. 충분한 자금이라면 내 집 마련, 몇 천만 원대의 소액이라면 오피스텔 투자를 해보자. 나보다 나이 많은 세입자를 만날 때 깨달음을 얻을 수도 있다. 나는 저 분의 나이가 되면 어떻게 살고 있을까에 대해서 생각해 보게 된다.

~2년~ : 투자 상황을 정기 점검하고 투자 밸런싱을 실천해 보자

예상대로 간 재테크와 그렇지 않은 것의 차이를 찾아보자. 왜 그랬는지 무엇을 대처 못했는지 어떤 점이 행운 또는 잘 했던 판단이었는지 생각해 보자. 재무전문가든 투자 동호회 멤버든, 같이 이야기할 사람이 있다면 더욱 좋다. 기존에 써 놓은 나의 투자 판단 메모가 있다면 더욱 도움 된다. 흔히 투자일지라고 부르는데, 투자를 할 때 마다 나의 판단 기준과 시장 분위기를 메모해 두는 것이 포인트다.

~3년 전후 : 만기가 다가오는 ISA를 판단하자

3년 쯤 되면 향후 투자 시장을 보는 눈이 조금씩 생긴다. 그동안 열심히 경제 기사를 봤었는지 이번 기회에 반성해 보자. 매주 경제 기사 제목을 보고 그 중에서 궁금한 것을 조금 더 검색해봤다면, 지금쯤 경제 흐름이 보이기 시작한다. 3년 만기가 된 ISA는 수익이 200~400만 원보다 크다면 기쁘게 정리한 후 다시 ISA를 개설하자. 연장하더라도 세제 혜택을 2배로 늘려주지 않기 때문이다. 만약 수익이 낮거나 마이너스라면 한 번 더 연장하자. 새로운 3년을 다 채우지 않아도 되니 부담 없다.

3년 이후~ : 주택 매수를 고려해 보자

현재 전세자금과 3년 동안 굴려온 주식, 금융 상품 등 목돈을 모두 합해서 1억이 넘는다면 슬슬 내 집 마련 시동을 걸어보자. 서울 아파트가 평균 10억대라고 하지만 어디까지나 평균일 뿐이다. 서울은 구별로, 수도권은 외곽에, 지방은 각 도시별로 투자할 수 있는 아파트는 여전히 많다. 시야를 넓히면 아파트 이외에도 빌라, 다가구도 있다. 하지만 남들은 오르는데 나만 안 오르면 애가 탄다. 특히 거주할 주택과 투자할 주택은 고르는 기준이 다르니까 이참에 제대로 배워보자.

3장

부동산.ZIP

"

내 자산 중에서 뭔가는
진득하게 가져야 한다

"

지금 집을
사야 하나요?

요즘 나오는 질문이 아니다. 2008년부터 지금까지 부동산 투자 강의에서 '단 한 번도 안 나온 적이 없었던' 단골 질문이다. 하우스 푸어라는 말이 유행이었던 2008~2013년까지의 불황기, 2017년~2021년의 활황기, 2022년부터의 금리 상승기 모든 시절에 꼭 나오는 질문이다. '지금이 매수하기에 저점인지 고점인지?'부터 '꼭 집을 사야 하는지' 같은 본질적 의미까지. 정답은 늘 하나였다.

다음의 3가지 이유로 집을 사야한다.

첫째, 거주 가치다. 70~80세 넘어서 집 없이 이곳저곳 이사하며 지내는 건 상상만 해도 고달프다. 그 나이가 되기 전까지 언젠가는 살 곳을 해결해야 한다. 언젠가 사야할 주택이라면 하루라도 빨리 하는

게 낫다. 그만큼 빨리 내 삶이 안정화된다.

둘째, 투자 가치다. 부동산은 경제의 기초, 경제는 2% 이상 성장하지 못하면 실업자 증가 및 기업 파산이 이어진다. 정부 입장에선 실물경제가 오르지 않으면 돈을 풀어서라도 해결할 수밖에 없다.

셋째, 자산 가치 저장 효과다. 성공 투자의 핵심 중 하나가 '좋은 것을 사서 오랫동안 보유하는 것'인데, 심리적 흔들림 때문에 실천이 어렵다. 주택은 이걸 자연스럽게 해결해 준다.

그렇다고 고점에서 주택을 매수할 순 없다. 시장 상황과 주택의 특성을 고려해서 매수 가격을 정해야 한다. 주택 매매가에 대한 시장 상황은 2017~2021년까지는 풀려나간 통화와 코로나19 바이러스로 인한 초저금리로 시세 폭등했고 2022년부터는 미국발 금리 상승으로 급락했다. 향후 매매가는 금리 변화, 대한민국 경제의 펀더멘털, 2024년의 총선 등 3가지 변수로 정해질 것이다. 주택 전세가에 대한 시장 상황은 위에 언급한 시장 상황 이외에 임대차3법과 전세보증보험제도로 인해 적어도 2025년까지 적정가 혼선이 지속될 것으로 보인다.

내가 적정가로 주택을 매수하고 싶다면 방법은 3가지다.

• 2024년 이후 질서가 잡힌 상태에서 매수
과거 3~6년간의 평균 매매가(또는 급급매 물건)보다 낮은 물건

- **2023년~2025년에 집중될 신규 아파트**

  입주 전세난, 분양가상한제 물건 또는 미분양

- **경·공매로 싸게 매수**

  잘 고른다면 시세보다 싸게 매수할 수 있다.

어떤 방식으로 매수하든, 재건축 재개발이나 3기 신도시 아파트에 청약하더라도, 주거 분야별로 달라지는 투자 가치 기준을 미리 파악하자. 그게 성공 투자의 지름길이다.

우선 숨을 돌릴 겸 부동산 생태계와 기초 상식을 빠르게 읽어본 후, 대표적인 4가지 주거용 부동산 고르는 기준으로 넘어가 보자. 부동산 분야는 알아야 할 내용이 다른 분야보다 훨씬 많다. 다행히도 생활형 재테크 분야인지라 주식 투자보단 이해가 쉽다.

부동산 분야
생태계

주거용 부동산으로 한정해서 보면 크게 4가지가 있다. 부동산중개 업소, 분양업체, TV 속 전문가, 직거래(부동산 카페 등). 우리는 이들을 통해서 내 집을 마련한다. 자본주의 시스템이니 각자 이익이 중요하다. 그들은 그들대로 나는 나대로. 서로의 이익을 위해 이용할건 최대한 활용하고 주의할 건 주의하자.

부동산중개사무소

부동산 거래에 대한 중개자 역할을 한다. 좋은 중개업자를 만나면 나를 대신해서 확인할 것을 다 해주니 좋다. 중개사고 시 2억 원 한도

배상을 해주는 책임보험이 은근히 오해가 많다. 모든 걸 책임지지 않으니 크게 기대하진 말자. 계약서 작성으로 인한 배상을 주로 책임진다. 가짜 거래자와 계약하게 했거나 주소 기재가 잘못되어 내 돈을 손해 본 경우가 대표적이다. 나머지에 대해선 대체로 책임지지 않는다. 지하철 놓이고, 뭐가 들어서고…. 투자 설명을 듣고 매수했더라도 부수적인 조언일 뿐이다. 냄새나 화장실 수압 등 생활 불편, 은행 저당이나 법원 압류 확인도 매수자/임차인 책임이다. 설명 의무를 하지 않은 중개업자를 구청에 민원 넣을 순 있지만, 계약 취소는 어렵다. 그러니 내가 확인하자.

어찌 되었건 중개업자 특성상 거래가 이뤄져야 수익이 발생하는지라, 거래 진행에 최대한 유리한 말을 할 때가 있다. 대표적인 경우가 가계약 유도다. 가계약은 정식 계약하기 전에 하는 계약인데, 얼핏 '나중에 취소해도 되겠지?'라고 착각한다. 문자로 받았더라도 몇 가지 요건을 갖추면 정식 계약과 동일한 책임을 저야 한다. 혹시 가계약을 하고 싶다면 취소 요건을 넣어달라고 요청하자.

- **부동산중개사무소 200% 활용법**

1. 빠른 매매/임대차를 원한다면 인근 2곳, 원거리 1곳에 내놓자.
   나의 물건 대비 약간 고가인 주택 근처 사무소를 고르자. 누군가는
   가격 때문에 망설일때 나의 물건이 플랜 B로 돋보인다.

2. 투자 가치를 알고 싶다면 같은 질문을 3곳에 해보자.

　매수하고 싶은 지역 2곳과 원거리 1곳을 방문해서 똑같은 질문을 해

　보면 된다. "ㅇㅇ동에 있는 ㅇㅇ아파트 요즘 어때요?"

분양업체

　시행사는 건물(아파트, 오피스텔 등)를 지을 때 모델하우스를 짓고 분양만 전문으로 하는 업체에게 위탁한다. 분양 업체는 대표자, 본부장, 팀장, 팀원 순으로 구성된다. 내가 모델하우스에 방문하여 만나는 사람은 이중에서 주로 팀원급이다. 팀장급은 내가 망설이거나 계약을 하는 쪽으로 결정할 때 등장한다. 신뢰성을 주기위해 '대형 건설사 이름, 유명신탁회사, 변호사 명칭'을 강조하기도 한다. 뭔가 검증된 부동산이라는 생각이 드는데, 분양 후 차질 등 사고가 나면 실제 책임은 시행사의 몫이다.

　흔히 홍보용 전단지 오해가 많다. 쓰인 내용과 실제 내용이 다르더라도 불법이 아닌 '광고 행위' 정도로 보는 경우가 많다. 담당자가 설명했던 예상 월세, 향후 매매가 등 투자 전망 관련 내용, "이거 투자 잘 안되면 제가 사드릴게요" 같은 멘트는 책임지지 않는다. 그러니 '계약서에 쓰여있는' 글자로만 판단하자.

　분양 계약할 땐 반드시 '계약서에 쓰여 있는 ㅇㅇ신탁회사'로만 입금해야 한다. 횡령 사고가 간혹 있기 때문이다. 다만 좋은 층의 물건

을 미리 잡아놓고 생각할 시간을 벌기 위해, 100만 원 정도 입금하는 가계약금이라면 이건 예외다. 2~3일 생각해보고 취소하면 돌려준다는 확인서를 받아두면 된다. 분양 결정은 신중하자. 계약만 한거라면 계약금을 손해보더라도 분양 취소가 가능하지만 중도금 대출까지 실행되면 그때부턴 취소가 불가능하다.

· 분양업체 200% 활용법

1. 분양하는 물건들은 (하든 안하든) 빨리 방문해서 보는 게 좋다. 비슷한 가격으로 더 좋은 호실, 좋은 위치를 잡을 수 있다.
2. 분양 팀장급 중에 유능한 사람들이 간혹 있다. 전화번호를 주고 받아서 향후 분양 전 할인, 선호층 우선 제공 등 혜택을 챙겨보자.

TV 출연 부동산 전문가

흔히 증권사 애널리스트처럼 회사에 소속되어 분석도 하고 리포트도 내는 것으로 오해하던데 그건 아니다. 이들은 대체로 프리랜서, 자영업자 형태. 월급이 없는 경우가 많으니 방송 출연 후 수익을 내야 한다.

만약 TV 시청자 상담처럼 부동산 투자에 대한 상담(유료 상담)만 하면, 방송 출연료, 사무실 비용조차도 충당하지 못할 수 있다. 그래서 주로 재개발 예정지나 유망 지역의 빌라, 그중에서도 신축 빌라를 주로 판매한다. 신축 빌라는 분양 물건인지라, 중개수수료나 상담료에 비해 수익이 높다. 주된 수입원으로 딱 맞는 셈이다.

대개 투자자가 신축 빌라를 매수하면 그 빌라에 전세 세입자를 임차해 준 후, 나머지 차액만 받고 소유권을 투자자에게 이전해주는 것이 보통이다. 이때 전월세 중개비는 안 받는 게 이 분야 매너다. 이미 분양 수익이 생겼으니까. 하지만 간혹 중개 수수료를 받는 사람이 있다는데, 해당 분야 전문가들 사이에선 비매너로 부른다.

주의할 전문가들도 있다. 어떤 상담을 해도 결국엔 본인이 파는 신축빌라 투자로 돌격하는 이들이 간혹 또는 자주 있다. '분양업자 입장'에서만 이야기하는 셈이니 부동산 전문가 명단에서 가볍게 걸러내자. 물론 그렇게 해야 유지되는 생태계에 있는 것 정도까진 이해해 주자. 그가 홍보 활동을 하려면 꽤 큰돈을 썼을 테니까.

• TV 출연 부동산 전문가 200% 활용법

1. 높은 분야라서 일반적인 중개업자들보다 나을 수 있다.

2. 빌라 투자를 하기로 정했다면, 현재 사는 주택의 투자 가치 분석은 서비스로 해줄 것이다. 이들에겐 매우 쉬운 영역이다.

직거래(부동산 카페 등)

이 역시 부동산 생태계에 있으나 활용 방법과 주의할 것이 매우 뻔하다. 1:1 직거래가 갖는 위험에도 불구하고 중개수수료를 낮추는 효과, 부동산 정보를 나누는 효과가 있다. 다만 서로 지식이 부족한 사람들끼리 주고 받다보니 정보 오류가 큰 게 단점이다. 부동산 카페에 가보면 질문도 틀렸고 답도 틀린 경우를 자주 본다.

주의할 것이 있다. 인터넷 부동산 카페는 누군가의 어장 관리거나 순수한 투자자 동호회 등 2종류다. 당연히 후자가 유리하다. 혼자서 공부하면 어렵고 끈기가 사라질 수 있는데, 동호회 활동을 하면 재테크 긴장감 유지에도 좋다. 누군가의 어장 관리인지 아는 방법은 간단하다. 카페 운영자가 여러 가지 제한 조건을 많이 걸어놓았거나, 모임을 누구나 주최할 수 없게 해놓았다면 대체로 어장 관리인 경우가 많다. 자본주의 논리에 충실할 수밖에 없다.

· 부동산 카페 200% 활용법

1. 나와 비슷한 사람을 만나는게 좋다. 처지가 비슷해야 정보 나누기가 쉽고 있는 척 아는 척 안해도 된다.

2. 이런 카페를 통해 셀프 등기까지 배워두면 더욱 좋다. 아파트가 가장 도전하기 쉽다. 권리 분석의 난이도가 낮은 편이기 때문이다.

   예) 8억 아파트를 직접 거래하고 셀프 등기까지 하면, 중개 수수료와 법무사 비용으로 약 4~500만 원 정도의 절감 효과가 있다.

부동산투자 기초 상식

건폐율, 용적률, 연면적은 돈이다.

재건축 투자할 때, 내 집을 지을 때 체감할 수 있다. 무분별한 건축 행위를 규제하기 위해 국가가 미리 정해놓은 일종의 상한선이다.

- 건폐율 : 총 대지면적에서 건축물의 '바닥 면적'이 차지하는 비율
- 용적률 : 층별 바닥 면적을 대지면적으로 나눈 비율
  (지하 공간, 주차장 전용공간 등 '보조적인 목적'의 공간은 제외)
- 연면적 : 지하층 포함 건축물의 층별 모든 바닥 면적 합계,
  내가 체감하는 총 면적

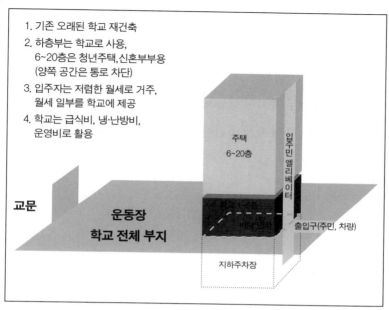

1. 기존 오래된 학교 재건축
2. 하층부는 학교로 사용,
   6~20층은 청년주택,신혼부부용
   (양쪽 공간은 통로 차단)
3. 입주자는 저렴한 월세로 거주,
   월세 일부를 학교에 제공
4. 학교는 급식비, 냉·난방비,
   운영비로 활용

주택
6~20층

입주민 엘리베이터

교문

운동장
학교 전체 부지

학교 1~5층
바닥면적

출입구(주민, 차량)

지하주차장

필자가 최초 고안한 '학교용지 주거 공간 활용 방안'이다. 수도권/도심권 1~3인 가구 주거난 해소와 초중고교의 열악한 재정을 동시에 해결하려는 취지로 고안했다. 혹시 부동산 정책 담당자가 이것을 본다면 꼭 필자 메일로 연락을 주길 바란다.

만약 대지가 5,000m²이고 건물이 세워진 바닥 면적은 500m², 그 상태로 지상 20층, 지하 4층으로 동일한 바닥면적으로 건축한다면,

- 건폐율 : 10% = 바닥면적 500m² ÷ 대지면적 5,000m²
- 용적률 : 200% = (각 층별 바닥면적 500m² × 지상20층) ÷ 대지
  면적 5,000m²
- 연면적 : 12,000m² = 각 층별 바닥면적 500m² × (지상20층
  + 지하4층)

이 된다.

투자 가치로 보자면 건폐율, 용적률은 클수록 좋다. 더 넓게, 더 높게 지을 수 있기 때문이다. 다만 상가나 오피스텔은 건폐율을 꽉 채워서 짓는데 비해 아파트는 그 반대로 한다. 건폐율이 20%대를 넘어가면 동 간격이 너무 좁아서 답답해진다. 신축 아파트라면 건폐율 10% 초반이 좋다. 단지 내 보행 공간이 넓어지고 쾌적하다.

용도지역을 알아야 재테크다

우리나라는 용도지역에 따라 건축 제한이 두고 있다. 아무 데나 아파트를 짓지 못한다는 의미다. 직장인 수준에서 이해하면 좋은 용도지역은 1종/2종 전용주거지역 < 1종/2종/3종 일반주거지역 < 준공업지역 < 상업지역 순이다. 오른쪽으로 갈수록 투자가치가 높아진다. 더 많은 공간(용적률), 더 넓은 면적(건폐율), 더 다양한 건축물(용도지역)을 지을 수 있기 때문이다. 가령 같은 면적이라면 2종 일반주거지역보다 3종 일반주거지역이 더 비싸다. 물론 각 지역별 인프라도 시세에 영향을 주니 항상 그런 건 아니다. 내가 고르려는 주택, 아파트의 용도지역이 어떤 특성인지 살펴보자. 한국토지주택공사 홈페이지에서 볼 수 있다.

재테크로 응용하자면 향후 용도가 상향되거나 지자체 조례가 완화(용적률 상승)될 지역을 찾아내면 돈이 된다. 주택 가격이 하락세로 가던 시기에 1기 신도시의 용적률 완화 계획을 발표하자, 분당과 일산 집값이 폭등한 것이 그 예다. 주로 대통령이나 지자체장 등 헤드급의 정치 스타일에 좌우된다.

면적을 알면 감을 빨리 잡을 수 있다

계약면적, 분양면적, 공급면적 모두 비슷한 말이다. 나만 사용하는 전용면적과 남들과 같이 사용하는 공용면적(복도, 계단 등)을 합한 면적 등이 있다.

전용면적은 나만 사용하는 우리 집 바닥 면적, 실제 내가 체감하는 면적이다. 아파트는 분양 면적의 75% 정도, 오피스텔이나 상가는 50% 전후인 경우가 많다. 흔히 베란다로 부르는 아파트 발코니는 전용 면적 산정에서 제외된다.

만약 분양면적은 다르지만 전용면적이 같다면 같은 평형대로 본다. 예를 들어 114㎡(전용 85㎡)와 112㎡(전용 85㎡)는 전용면적이 85㎡로 같으니 동일한 면적대다. 누가 더 비싼지 싼지 가격 비교해도 된다. 주거 전문가에 의하면 1인당 7~8평 정도(23~26㎡) 전용면적이 가장 적당한 넓이라고 하니 참고하자.

대지 지분, 이게 중요할 때가 있다

내 집이 가진 대지 면적이다. 아파트를 기준으로 한다면, 대지 지분이 의미가 커지는 시점은 30년 차가 넘어가면서부터다. 20년 차 이하 아파트라면 대지 지분보단 교육, 주거, 교통 환경 등의 주변 공간 활용 가치가 더 우선시 된다.

주택의 성장 사이클을 알아두면 대지지분을 더 확실히 이해할 수 있다. 모든 주택은 '단독주택 → 다가구주택 → 공동주택(빌라/아파트)' 순으로 진화한다. 다음 단계가 없다면 투자가치는 그걸로 끝난다. 대략 20층 이하 30평대 아파트의 평균 대지지분이 8~12평이니까, 이보다 40~50% 이상 높은 대지지분을 가진 아파트라면 일단 좋게 본다. 아파트를 더 지어서 분양하면, 내 집의 건축비를 내가 부담하지 않고 새 아파트를 받을 수 있기 때문이다. 대지 지분 확인은 각종 부동산 앱, 부동산 등기부등본, 토지대장을 발급받아 확인할 수 있다.

공시지가, 기준시가, 실거래가

주택 분야는 '공시지가'를, 오피스텔 등 업무용(비주택) 분야는 '기준시가'라는 용어를 쓴다. 분양면적, 계약면적처럼 글자는 다르지만 의미는 비슷하다. 둘 다 세금 매기는 기준일 뿐이다. 매년 6월 1일자에

'소유한 사람'이 보유세(재산세, 종부세)를 낸다. 세금 내는 기준이다 보니 실제 거래 가격인 실거래가보다 약간 또는 많이 낮게 국가가 정한다. 아파트의 경우 2019~2022년 사이에 공시지가를 급격하게 높인 지역이 있는데 실제 거래되는 시가와 비슷하거나 역전되는 왜곡이 벌어지기도 했다. 다만 단독주택, 다가구주택, 토지는 여전히 시가 대비 60% 이하로 낮은 편인데 절세 재테크로 활용할 여지가 큰 편이다.

아파트 VS 오피스텔 핵심 차이점

아파트는 주거용 건물(주택)이고 오피스텔은 업무용 건물이다. 건축할 때 법적 기준이 다르게 적용된다. 아파트는 욕조 설치 가능하지만 오피스텔은 불가능하다. 분양받을 때는 차이가 크다. 건물을 짓던 '시행사가 부도를 낼 경우' 오피스텔 분양 받은 사람은 끝없는 소송으로 내 돈을 써야 한다. 그러나 아파트는 예정대로 건물이 지어진다. 주택법에 의해 이런 경우를 대비한 보험을 의무적으로 가입했기 때문이다.

오피스텔은 주거 또는 업무용 변경을 언제든 내 맘대로 정할 수 있다. 서류상 변경이니 쉽다. 잘 활용하면 세금 폭탄을 피할 수도, 모르면 양도세 중과를 당할 수도 있다. 물론 재산세를 내거나 양도세를 낼 때 그렇다. 하지만 처음 취득할 땐 어떤 용도로 사용하든 취득세는 4.6% 고정이다. 참고로 레지던스 오피스텔, 아파텔은 정식 명칭이 아니다. 정식 명칭은 오피스텔이다. 분양업체들이 고객 유인을 위해서 부르는 '마케팅적인 용어'일 뿐이다.

	일반 아파트	오피스텔
용도	주거용	업무용
취득세	주택 상황 따라 1% ~	4.6% 고정
주차대수	세대 당 1대 이상	세대당 0.3~0.7대 수준
중개 수수료	매매, 전월세 표준요율	85㎡ 이하 매매 0.5% 임대차 0.4%
분양 시	청약통장 필요 전매 제한, 규제 지역 있음	청약통장 불필요 전매제한, 규제지역 없음
특이사항		업무/ 주거 용도 변경 수시로 가능

차익형 vs 수익형 부동산

차익형 부동산은 나중에 팔 때 시세 차익을, 수익형 부동산은 다음 달부터 월세를 받는 목적으로 투자한다.

굳이 구분했지만, 현실에선 차익형이지만 월세를 받을 수도 있고, 수익형이지만 나중에 양도 차익이 클 수도 있다. 그러나 기본적으로는 각자 고유 특성이 있으니 그에 맞게 투자해야 한다. 가령 세금을 신경 써야 하는 투자자라면 차익형, 수익형 구분을 미리 해야 한다.

예) 10년 후 50% 차익(양도세)을 내는 게 유리한지,
    매년 5%씩 10년간 월세(종합소득세)가 유리한지 미리 판단

나의 소득이 높은 시기에는 차익형이, 소득이 낮은 시기에는 종합소득세 방식이 더 낫다. 주식으로 말하자면 차익형은 성장주, 월세 수

익형은 배당주 특성과 비슷하다고 보면 된다.

재건축·재개발 투자

　재건축은 주택 기준으로, 재개발은 지역 기준으로 노후화를 판단해서 진행한다. 절차와 단계별 기준은 약간씩 다르지만 투자자 입장에서 보자면 목적은 같다. 향후 입주권(신규 아파트를 받을 권리)을 저렴하게 미리 확보하는 것이다. 그러니 (장기간 돈이 묶이니) 적은 돈으로 투자할 수 있어야 메리트가 있다. 유의할 점은 재건축과 재개발의 조합원 자격 기준과 입주권 받을 가능성이다. 재건축은 입주권을 100% 받지만 재개발은 못 받을 수도 있다. 일정한 기준을 통과해야 한다. '대지지분'이 몇 평인지 기준을 정해서, 미달하면 입주권을 주지 않고 수용 처리(저렴하게 현금 청산)될 수 있다.

재개발·재건축 진행 과정

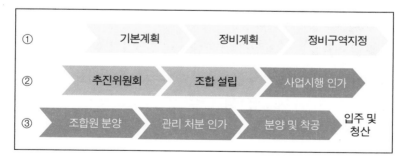

①구간은 막막한 안개 구역, 우리끼리 계획을 세웠지만 앞으로 가야할 길이 너무 멀다. 덕분에 재개발의 경우, 정비구역지정 전까지 '지분 쪼개기'등 기회가 많다. 아직은 정해진 게 없으니까. ②구간은 허락을 해주는 관공서가 키를 갖고 있으니 정부 탓 많이 하는 시기다. 조정대상지역 재건축의 경우 조합 설립 전까지만 조합원 승계가 가능한데, 정부 정책에 따라 기준 시점이 바뀌기도 하니 지역별로 사전 확인 필수다. ③부터는 매우 명확해진다. 덕분에 수익에 대한 기댓값은 낮다.

재건축에 비해 재개발은 상대적으로 낮은 투자비 덕분에 50~60대 투자자들이 많다. 자녀의 교육환경을 고려하지 않아도 되거나, 주거지 이전이 자유로운 30~40대 싱글족, 몸테크족이라면 고려해 볼 만하다.

재테크 중수가 되기 위한 부동산 지식

1) 전세는 무이자 대출이다

은행 대출은 '이자'와 '지정된 기한 이내 원금상환' 등 두 가지 부담이 있다. 그러나 세입자로부터 받는 전세보증금은 이자를 지불할 필요가 없다. 게다가 내가 입주해서 거주할 게 아니라면 '상환할 의무'도 현실적으론 거의 없다. 그냥 2~4년 후 다음 세입자에게 보증금을 받아서 넘겨주면 된다. 일종의 '무기한 연기 가능한 무이자 대출'인 셈이다. 이를 잘 활용하면 부동산 재테크 중수로 성장할 수 있다. 다만 이런 점을 '안심해도 되는 대출'로 오해하지는 말자. 전세가 하락 시기가 오면 보증금 상환 때문에 내 돈과 남의 인생이 꼬일 수 있다.

2) 월세 전환 비율은 지역별로, 보증금액 별로 달라진다

예를들어 전세 4억 원인 아파트에서, 3억을 보증금으로 내고 나머지 1억을 월세로 전환할 때 보증금 1,000만 원 당 4만 원의 월세를 적용한다고 하자. (보증금 3억, 월세 40만원)

만약 1억을 보증금으로 내고 3억을 월세로 전환하면 어떻게 될까? 전환율을 위 사례처럼 하면 월 120만 원이니 너무 부담스럽다. 그래서 현실에선 3만 원 정도로 낮춘다. (보증금 1억, 월세 90만 원)

이런 이유로 전환해야 할 보증금이 크면 전환율을 낮아진다. 재테크로 응용하자면 임대인 입장에서 가장 가성비가 좋은 월세는 소형 원룸이다. 전환율이 높으니 수익률도 높아진다.

3) 지역별 월세 평균선이 있다

주거비 지출에 대한 심리적인 상한선이 지역별로 있다. 어떤 지역은 60만 원 전후, 어떤 지역은 120만 원 전후 등 다양하다. 이런 지역별 심리적인 월세 가격을 잘 응용하면 수익형 부동산 투자할 때 도움이 된다. 2억짜리 오피스텔을 분양하면서 '보증금 1,000만 원에 연 5%로만 받아도 월세 100만 원 받는다'고 하면 솔깃해진다. 하지만 해당지역이 월세 60~70만 원 대를 선호하는 지역이라면 100만 원 내는 임차인 구하기 어려울 수 있다. 지역별 평균선을 알아보고 싶다면 분양하는 인근 지역의 중개업소 5~6곳의 월세 매물 게시판을 살펴보면 된다. 자전거 타고 돌아다니면 더 편하다.

4) 정부 발표는 부동산 투자 기준점이다

조정대상지역, 투기과열지구, 분양가상한제 적용지역, 토지거래허가 구역… 수많은 부동산 규제 정책 용어들이다. 부동산 규제가 목적인데, 아이러니 하게도 이런 발표가 난 지역은 부동산 투자자들에겐 '정부가 검증해 준 투자 포인트' 역할을 한다. 어디로 투자를 해야 할지 모르겠다면 정부 규제 지역에서 살펴보자.

이와 비슷한 것으로 세금 정책도 있다. 2021년 기준으로 공시지가 6억, 9억, 15억 아파트는 세금(취득세, 양도세, 종합부동산세 등)이 달랐다. 공교롭게도 아파트 시세가 이에 맞춰서 변화했다. 6억 이하는 저금리 주택자금 정책 대출을 활용하는 실거주 투자로, 6억 초과 아파트는 전세자금 대출이 가능한 세입자를 끼고 투자하는 사람들로, 15억 초과는 대출이 제한되는 바람에 '현찰 투자 가능한 사람임을 입증'하는 상류층 신분 인증 효과가 생겼다.

5) 전세가와 매매가 비율은 지역별로 다르다

약 45~65% 사이에서 형성된다. 지역 특성과 신축/구축 아파트 여부에 따라 달라지는데, 10~20년 차 아파트의 전세가 비율이 대체로 지역 평균선이 된다. 서울 기준으로 매매가는 10억 전세가는 4억이라면 일단 정상 범위가 아니라고 봐야 한다. 매매가가 높거나 전세가가 낮거나 둘 중 하나다. 지역 평균 전세가 비율이 60%라면, 전세가(4억 원)를 기준으로 환산하면 적정 매매가는 7억 원이다. 10억짜리 아파트가 향후 시세 하락할 것을 예상해 볼 수 있다. 이와 반대로 매매가 10억 원을 기준으로 전세를 환산하면 향후 전세가는 4억에서 6억대로 올라가야 한다. 매매가와 전세가 어느 쪽을 기준으로 환산할 것인지는, 부동산 투자 경험과 시장의 상황으로 판단한다. 전세가 비율은 불황기엔 높고 호황기엔 낮은 편이다.

부동산 고르기 ①
· 아파트는 현찰이다 ·

아파트 가격이 폭등하면서 거품이 있는 아파트가 많아졌다. 어떤 아파트는 동과 동 간격이 너무 짧아서 향후 주거가 형편없는 것이 훤히 보인다. 그런데 프리미엄이 어마어마하다. 호황 뒤엔 반드시 조정 장세가 온다는 건 부동산과 주식 투자의 진리다.

아파트는 두 가지 방법으로 마련한다. 신규 분양을 받거나 기존 아파트를 매수하거나. 어떻게 매수를 하든지 우리가 가장 궁금한 것은 '향후 투자 가치'다. 순서가 중요하다. 아래 3단계 투자가치 판단 방법을 먼저 이해한 후, 이어지는 아파트 플러스 마이너스라는 개별적인 평가 방법으로 들어가자. 물론 내가 목표로 하는 주거비 예산을 미리 점검하는 건 0순위다.

아파트 시세 영향력 TOP 3

아파트는 지역급 > 단지급 > 개별급 순서로 투자에 영향력을 준다. 이중에서 지역급은 투자 흐름의 순서로서 부동산 재테크에서 중요하다. 대체로 앞에 있는 지역의 시세가 변하면 종속적인 지역(후순위 지역)의 시세가 6개월~1년 시차를 두고 퍼진다.

1) 1차 영향력 - 지역급

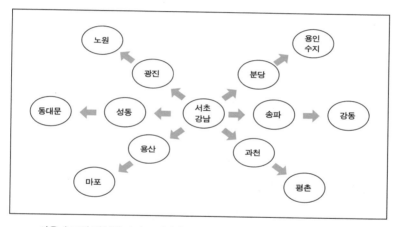

서울 수도권 지역별 아파트 시세 확산 순서다. 주관적인 구분이니 그냥 참고만 하자

아파트는 어느 지역이냐에 따라 출발하는 가격대가 정해진다는 게 정설이다. 다만 강남권, 마포권 이렇게 부를 때 해당 지역 모든 아파트를 포함하는 건 아니다. 대체로 해당 지역의 중심권이면서 평균적인 아파트일 때만 이런 기준을 적용한다. 서울 강남권의 경우 전 지역을 의미하지만 N지역은 대체로 제외한다. 다른 구도 이렇게 제외하

는 지역이 있다. 이런 예외가 하나 더 있다. 대체로 구 단위나 시단위로 지역을 구분하는데, 서울의 경우 중계동과 목동은 별도의 지역권처럼 구분해서 시세 순서를 본다. 이 두 곳은 '동'이 지역급인 셈이다.

이런 특성은 시간이 지나도 웬만해선 그대로 간다. 만약 거주자 특성이 바뀐다면 시세도 바뀐다. 1~2만 세대급 아파트 공급이 이뤄질 때 이런 기회가 온다.

이것을 활용하면 부동산 투자 초보도 좋은 시점을 잡아볼 수 있다. 강남, 용산, 마포, 성동구 지역의 대장급 아파트가 오를 때 인근 지역의 아파트나 과천, 평촌, 분당 등 후순위 지역의 아파트를 매수하는 것이 좋은 예다. 하지만 지역급의 진짜 효과는 등락의 지속성이다. 상급지 아파트 시세가 상승하고 1~2년 후쯤이면 후순위 지역이 오르기 시작하는 데, 그 시기에 맞춰 정부의 부동산 규제가 나온다. 이러면 후순위 지역은 제대로 상승하지 못한다. 반면에 상급지는 이미 1~2년에 걸쳐 상당히 올랐기에 일단 시세 유지가 된다. 이런 식으로 '상급지 상승 & 정부 규제'가 몇 번 반복되면 20~30년이 훌쩍 지나간다. 결국 상급지는 상당히 상승, 후순위 지역은 평균 상승, 최종 후 순위지역은 상승 흉내만 내다가 끝난다.

2) 2차 영향력 - 단지 급

나의 예산에 따라 지역이 정해졌다면 이제 같은 권역에서 아파트 단지를 비교하자. 지역의 랜드마크 단지 또는 최근 분양에 성공한 아파트 단지와 내가 고르려는 아파트 시세를 비교한다. 여기에 아파트 세대 규모, 신축여부, 직세권, 역세권 등 각종 플러스, 마이너스 요소들로 판단한다. 평가 항목들은 뒷 부분에 표로 정리했으니 참고하자.

투자 포인트는 우선시 되는 가점 항목이 지역별로 다르다는 점이다. 교통이 중요한 지역이 있고, 교육 또는 편의성이 더 중요한 지역이 있다. 가령 서울에서 교통이 무난한 지역에선 단지 규모와 신축 여부가, 그렇지 않은 지역에선 교통이 우선시 된다. 수도권의 경우엔 서울 강남과 종로 접근성이, 지방 도시의 경우엔 편의성과 직세권에 더 높은 점수를 준다.

참고로 아파트 단지별 가격은 조금씩 불균형이 있다. 사람들이 완전한 가격으로 거래를 하지 못하기 때문이다. 이런 점이 약간의 투자의 기회가 된다.

3) 3차 영향력 - 개별 급(동별, 호별 특성)

가격 차이를 가르는 큰 변수는 끝났다. 이제 개별적인 아파트의 특성으로 매매가격 끝자리가 변한다. 8억 5,000만 원이 될지 8억 4,000만 원 될지 정도의 차이를 낸다. 주출입구 쪽인지 후미 쪽인지, 동남향인지 서향인지, 로열층인지 저층부인지, 발코니 확장공사를 했는지 여부 등이다. 셈법으로 말하자면 마이너급 판단 과정이다.

참고로 꽤 오래전에는 조망도 이런 마이너급 항목이었으나 최근에는 시대가 바뀌면서 급부상한 항목이 되었다. 가령 어떤 지역에서는 단지급(위 2차 판단)을 넘는 차이를 낸다. 주로 서초 강남권에서의 한강 조망이 대표적이다. 그러나 이런 특수한 경우를 제외하면 개별 평가 항목들은 조금 더 받느냐 덜 받느냐 차이일 뿐 시세를 크게 바꾸진 못한다.

대규모 아파트의 서향 주택이 소규모 아파트의 남향 주택보다 비싸다. 이미 아파트 단지에서 가격 차이가 크게 났기 때문에 개별 주택의 장점(남향)으론 역전하기 어렵다. 향후 시세도 마찬가지다. 지역과 단지급으로 시세가 움직이므로 소규모 아파트 남향 주택은 향후 시세 트렌드에서 소외될 수 있다. 물론 예외는 늘 있다. 대규모 아파트 단지 옆 나홀로 아파트가 투자 메리트가 높아질 때가 있다. 다만 이런 건 10~15년에 한 번씩 오는 아파트 대세 상승기일 때 잠깐 벌어지다가 끝난다. 치고 빠지기 잘하는 투자 중고수들 영역이다.

MEMO

3차 개별 평가 항목은 순수 투자자에겐 중요도가 떨어진다.
전세를 끼고 투자할 경우, 서향이 남동향보다 더 적은 실투자금이 들어간다. 투자 성과에 영향을 주는 아파트 시세는 지역 급인 '아파트 단지 전체'가 비슷한 시세로 움직인다. 그러나 전세가는 매매가와 비슷한 비율로 상승 하락하지 않는다. 남동향과 서향의 투자 레버리지 효과가 달라진다.

아파트 고르기

예산에 맞는 지역급을 먼저 선택한 후 아래 순서로 점검해 가자.

1단계 : 내가 투자하려는 지역에서 우선시되는 항목은?

교통일 수도 있고 편의시설일 수도 있고 규모일 수도 있다. 내가 사는 지역이면 이미 잘 알 것이고, 혹시 잘 모르는 지역이라면 인근 부동산 중개업소에서 확인해보면 된다.

2단계 : 이 지역에서 부족한 것은 무엇? 언제 해결되는지?

신축 아파트가 너무 없거나, 대규모 아파트 부족, 불편한 교통 등 다양하다. 주로 부족한 교통 이슈가 거론되겠지만, 지역을 돌아다녀보면 다른 것들도 보인다. 이것이 해결되면 향후 투자 가치가 상승한다.

3단계 : 아파트 플러스, 마이너스 항목 점검

아파트 가격에 영향을 주는 플러스 항목, 마이너스 항목들을 점검해 보자. 부동산 시장이 호황이든 불황이든 이런 것들은 변하지 않는다. 현장을 방문해서 체크하다 하면 지도에선 보이지 않던 것들이 보인다. 냄새, 경사도, 동네 분위기 등. 나만의 기준을 만들어보자.

4단계 : 부동산 시장의 호황, 불황을 감안하자[*]

내게 맞는 아파트를 찾았다면 적정가로 매수하는 것만 남았다. 지

---

[*] 통계청이나 국토교통부 통계누리에서 연도별 아파트 착공 물량, 인허가 물량, 소득 대비 주택 가격인 PIR 지수 등을 확인하면 좋다. 착공 물량은 향후 2~3년 후부터 영향을, 인허가 물량은 5~7년 후부터 영향을 준다. 눈여겨 볼 사항은 '기존 대비 변동량'이다.

난 3~5년간의 평균 시세 수준을 확인하고, '부동산 기초상식'에서 언급한 전세가 비율로 계산해 보자. 여기에 시장의 호황 또는 불황 분위기를 감안하면 된다.

위 기준을 응용하면 아직 지어지지 않은 3기 신도시 아파트를 청약할 때, 어느 지역이 투자가치가 좋을지 판단해 볼 수 있다. 원하는 곳의 인근 지역 1,000세대 이상 신규 아파트 시세를 기준으로 신도시 프리미엄을 주고, 해당 지역에서 부족했던 것과 그것이 신도시로 인해 실제로 해결될지 확인해 보자. 참고로 신도시는 현실적으로 원래 계획보다 최소한 10년 이상 지나서 완성되며, 외부로의 주요 도로와 교통 등 인프라는 이보다 훨씬 더 늦게 완료된다. 이런 점까지 감안해서 초기에 하는 비브랜드 건설사들의 청약에 참여할 건지 그 이후의 전국구 브랜드 아파트로 좀 더 높은 가격으로 청약할지 결정하자. 신도시의 중심부 상권, 중앙 공원/호수 근처라면 비브랜드 아파트일지라도 투자가치가 좋은 편이다. 중기 이후에 들어오는 브랜드 아파트 중에서 고른다면, 신도시에서 서울로 가는 중심 도로 근처 아파트로 골라보자.

재건축, 재개발 투자에도 위 5단계 절차를 거치면서 아파트 플러스 마이너스를 대입해보면 거의 80~90% 이상 맞는다. 부동산 중개업자가 설명하는 화려한 계산표(재건축 예상 분담금, 예상 사업비, 예상 분양가, 용적률, 기부채납 등)는 이해도 어렵고, 차후 시세 차익에 대한 가계산인지라 중개사무소 주관이 들어가는 경우가 많다. 특히 부동산 시황에 따라 차이가 커진다.

    가령 개별 분담금은 주변 신규 아파트 시세가 높아지면 낮아지고, 시세가 내려가면 그 반대가 된다. 하지만 아파트 플러스 마이너스 요소는 본질적 가치로 판단하는 것이니 변하지 않는다. 그러니 부동산에서 주는 재건축 재개발 예상 투자금 자료는 보조적 판단으로, 아파트 플러스 마이너스는 핵심으로 놓고 판단해 보자.

부동산 고르기 ②
• 오피스텔, 아파트 대안이 될까? •

오피스텔의 법적 신분은 업무용이다. 세금 낼 때 의미가 있다. 전용면적 85m²내 오피스텔이라면 그냥 주거용 주택의 한 종류로 보면 된다. 주소 이전이 아예 안 되는 업무 전용 오피스텔도 있지만, 대체로 주거와 업무 둘 다 가능한 것들이 대부분이다. 나의 주택 수와 상관없이 취득세는 무조건 4.6%이며, 향후 세금 상황에 따라 '주거 또는 업무용'으로 언제든 서류 신청해서 변경할 수 있다. 물론 취득세는 4.6%로 동일하다.

오피스텔은 안 오른다?

오피스텔은 부동산 투자자들에겐 '재미없는 물건'으로 알려져 있다. 시세가 아파트에 비해 덜 오르는데, 취득세는 4.6%로 아파트의 1~3%에 비해 높기 때문이다. 그러나 정부 부동산 정책과 세금 제도의 변화로 인해 일부 바뀌기도 했다.

오피스텔은 번화가나 역 근처 등 상업용지에 주로 지어지므로, 일반 아파트에 비해 고층으로 지을 수 있고 출입자 관리하기에 더 유리하다. 다만 1룸 오피스텔은 '주택 수 반영'으로 인한 중과세가 있는 한 다주택 투자자에겐 불리하다. 다른 주택의 세금(취득세, 보유세, 양도세)에 영향을 주기 때문이다. 향후 정부 세제 정책이 완화될 경우, 편하게 월세 받는 물건이라는 제 자리를 잡을 것으로 예상된다.

참고로 오피스텔은 아파트처럼 평형(면적)이 아닌 원룸, 투룸, 쓰리룸 이렇게 구분한다. 1룸과 1.5룸은 그냥 원룸으로 부르는데 혼자사는 싱글족 또는 서로 합쳐서 공동 비용을 내고 주거를 해결하는 공유족에게 좋다. 2룸~3룸은 신혼부부 또는 가족 단위에게 좋다.

오래전 오피스텔 중 2~3룸은 가족 거주보단 사무실 용도에 더 적당하게 지어진 것들이 많은데, 위치와 시설 상태에 따라 주거에 적합하게 변경할 경우 상당한 수익을 내는 물건도 있다.

오피스텔 투자가치 판단은 심플하다. 위치한 곳의 주거편의성, 직장접근성, 역세권, 규모 정도 등으로만 판단해도 거의 맞는다. 아주 심플하게 월세 얼마 받는 지로만 판단해도 된다. 수익형 부동산이기 때문이다. 하지만 내 돈 들여 사는 것이라면 좀 더 세세하게 살펴보자. 방의 개수에 따라 판단 기준이 달라지는 것도 투자 포인트다.

MEMO

도시형생활주택(일명, 도생)

주거로만 보자면 오피스텔과 비슷하다. 그러나 엄연히 주택이다. 분양 업체에서 "주택 수에 들어가지 않아요" 로 홍보하면 오피스텔, "취득세 혜택, 취득세 1.1%" 이런 글자가 붙으면 도생이다. 도생은 주택이라서 다주택자 규제를 받을 수 있지만 수익형 부동산으로는 나름 경쟁력이 있다. 오피스텔보다 관리비가 저렴하기 때문에 세입자들이 더 장기간 거주할 수 있기 때문이다.

오피스텔이 어울리는 투자자

내가 가진 목돈이 매매가의 1/2이상이라면 월세를, 1/5이하라면 전세를, 애매하게 중간쯤이라면 반전세를 놓을 수 있다. 주택 수에 해당하지 않으려면 일반사업자를 내면 되는데 이 경우에는 월세로 놓는 게 일반적이다. 만약 전세로 놓게 되면 '주거용으로 의심하는' 국세청과 다툼을 겪을 수 있다. 언젠가 꼬마빌딩 주인이 되고 싶다면 세입자 관리 경험을 위해 처음에는 깔끔한 세입자인 오피스텔부터 경험해 보자.

1위. 세입자 관리가 편하고 안정적인 월세 선호족

오피스텔은 깔끔한 환경을 선호하는 세입자 특성이 있다. 특히 기본적인 세입자 불편 사항은 관리사무소에서 해결하니 세입자 관리 난이도는 상가나 빌라에 비해 낮은 편이다.

2위. 프라이버시를 중요하게 생각하는 싱글족, 딩크족

이들에게 오피스텔은 아파트보다 훨씬 유리하다. 동네의 아이 가진 엄마들의 입소문, 옆집과의 친분(?) 유지 같은 오지랖에 신경 쓰지 않아도 된다. 사생활이 유지되니 좋다.

3위. 짧게 이익 보는 민첩성 있는 투자족

분양하는 오피스텔은 호황기, 불황기 변수들을 응용해서 입주 전후 시점에 시세차익 보고 빠진다. 일반 매매 오피스텔은 부동산 불황기에는 가격을 후려칠 기회로, 호황기에는 높은 전세가를 활용한다.

오피스텔 고르기

오피스텔을 선택할 때는 지역 특성을 보면서 개별적인 평가 순서로 하면 무난하다.

1단계 : 지역 수요자, 공급자 흐름은 어떤가?

해당 지역이 수요자가 계속 증가하는 추세라면 일단 안심이다. 확인할 사항은 전월세 시세 추이와 거래되는 양, 해당 지역 직장 변화, 인구 유입 현황(인구 증가율) 등이다. 부동산 앱으로도 충분히 확인할 수 있다.

2단계 : 지역 수요자 특성

대기업에 다니는 직장인, 일반 직장인, 대학생, 점포 근무자들 등을 파악하자. 앞쪽일수록 편의 시설이, 뒷부분으로 갈수록 가성비가 더 중요해진다. 지역 수요자 특성에 맞는 오피스텔로 골라야 무난하다.

3단계 : 오피스텔 플러스, 마이너스 검토

직세권, 도심권, 역세권, 대학가는 언제나 +3~4점, 지역 평균 규모 이상이거나 신축이라면 +1점, 2~3룸 오피스텔이라면 비싼 아파트 근처인 경우 +1~2점을 준다. 이와 반대로 마이너스도 있다. 25년 넘거나, 20세대 이하거나, 너무 다양한 면적으로 구성된 오피스텔은 -1~2점, 1룸 오피스텔인데 다가구/다세대 주택가에 끼어 있다면 -1점이다. 수학 공식 같은 부동산 투자법은 없으니, 나만의 판단 기준도 넣자.

4단계 : 지역 월세 시세

중요한 부분이다. 오피스텔은 지역별로 적정 월세 시세가 있다. 비싸게 샀다고 해서 더 많은 월세를 받는 게 아니다. 그러니 지역 월세 시세를 알아보고, 내가 사려는 오피스텔이 지역 시세보다 높다면 부담스럽게 검토, 저렴하다면 왜 그런지 원인 파악하고 최종 결정하자. (서울은 대략 2R 이상, 수도권은 2~3R, 지방은 3R 수준으로 감 잡고 살펴보자)

어떤 경우든 나의 자금 상황은 꼭 점검하자. 간혹 높은 전세율을 가진 오피스텔에 투자할 때 깡통 전세를 염려하는데, 그건 (냉정하게 말하자면) 세입자가 걱정할 고민이다. 다만 남을 괴롭혀서 좋을 건 없다. 혹시라도 전세가 하락 시에 세입자에게 내줄 돈에 대한 대안이 나에게 있는지만 확인하자. 다른 금융자산과 주식을 병행하면서 부동산 투자를 하고 있다면 이런 경우 편하다. (부동산과 금융 투자는 병행하는 것이 가장 좋다.)

이런 다른 자산 대안이 있는데도 불구하고 여전히 고민된다면, 그건 나의 투자 성향과 맞지 않는 것이다. 투자할 곳이 많은데 굳이 이렇게까지 고민하면서 투자할 필요가 없다. 게다가 불황이 너무 오래가면 어디든 애물단지가 된다. 매년 재산세만 내고 세입자가 바뀔 때마다 중개 수수료만 내다가 결국 급매로 던지게 된다. 투자 중고수들의 먹잇감이 되는 것이다.

부동산 고르기 ③
· 빌라는 잘 고르면 효녀 ·

빌라(다세대 주택)의 기본 특성

혼히 빌라로 부르는데 다세대주택이 원래 이름이다. 아파트의 대체제로 생각하면 초급, 투자까지 본다면 중고수급이다. 세대별로 소유자가 있고 아파트처럼 개별 매매가 된다.

건물 외형으로 봐서 4층 이상은 다세대주택, 3층 이하는 다가구주택이라고 하는데, 정확한건 정보 조회를 해야 알 수 있다.

아파트보다 저렴하므로 대체로 임시 거주용 전.월세로 선호도가 높고, 매매 수요는 향후 재개발 투자족 또는 저렴한 주택 수요자들 정도다. 아파트에 비해 저렴한데도 인기가 낮은 이유는 여러 가지지만, 필자가 생각하기엔 청약 통장 전략(무주택자 자격 유지)에 차질이 생기 때문인 듯하다. 아파트를 청약통장으로 분양 받기 전에 빌라를 소유하면 무주택자 조건에서 탈락이다. 아파트에 비해 상대적으로 불편한 주차, 거주 환경도 한 몫 한다. 그러나 낮은 비용으로 주거를 해결할 수 있다는 점, 동일 면적 대비 대지 지분이 높다는 점은 장기적으로는 장점이다. 높은 대지 지분은 향후 재개발 사업 같은 지역 개발 이슈가 떠오르면 진가를 발휘한다. 간혹 아파트 가격이 급등하면 시차를 두고 빌라 가격도 따라서 상승하니, 이런 장기적 주기와 위치를 잘 활용하면 주거와 투자 만족 또는 전월세와 투자 만족 등 효자가 된다. 지자체의 개발 계획을 잘 예측하는 것이 투자 포인트다.

다세대주택, 빌라 공부하면서 생각해 볼 퀴즈

아파트에 사는 맞벌이 학원 강사 홍창규(36세), 박선영(34세) 부부는 3억대에서 5억대로 올라버린 전세 대신에 인근 지역의 빌라 매수를 생각 중이다. 향후 자녀를 낳을 생각이 없으니 교육 환경에 신경 쓰지 않아도 되며, 지금처럼 아파트에 계속 있는 것은 돈 낭비라고 생각한다. 남는 돈으로 국내외 주식과 금융상품 재테크를 해볼 생각이다.

매수를 고민하는 빌라는 2억 8,000만 원, 실제 평수(전용 면적)는 13평이다. 기존 아파트보다 실제 사용면적은 더 좁아지지만, 기존 전세보증금이면 이 집을 사고도 돈이 남는다. 준공5년 이내이니 비교적 신축이고, CCTV 엘리베이터가 있으니 편하다. 무엇보다도 평생 이사 다녀도 되지 않고, 약간의 시세 차익도 장기간에 걸쳐 가능하지 않을까 기대한다. 전세가 비율이 높은 지역이니, 살다가 불편하면 세를 주고 이사해도 해결될 것 같다. 나라면 어떻게 결정할 것인지 생각해 보자.

빌라가 어울리는 투자자

　빌라는 내가 가진 돈에 따라 3가지 선택이 가능하다. 내가 거주하거나 월세를 놓을 계획이라면 매매가의 40~50%, 전세를 놓을 계획이라면 20~30%의 내 돈이 필요하다. 다만 신축 빌라를 사서 전세를 놓을 계획이라면 상황에 따라선 10% 이내의 자금으로도 가능하다. 일종의 신축 프리미엄이다. 깨끗하니까. 대체로 오래 끌고갈 투자 목적으로 빌라를 사는 초급은 신축 빌라를 많이 선호한다. 물론 투자 목적이라면 결국 재개발 사업인데, 개발사업에 대한 기본 이상의 이해가 필요하다. 이걸 이해하는 투자 중고수급이 되거나, 이것저것 계산하지 않는 단순한 스타일이 좋다.

1위. 실거주를 부담 없이 해결해야 하는 알뜰족

　고정비가 덜 나가는 주거 대안으로 좋다. 4인 가족 기준, 아파트에 비해 매달 20~30만 원의 고정비 지출이 절감된다. 매달 고정비를 줄이는 것은 재테크에선 진리다.

2위. 매도 목적이 아닌 전세 차익 목적의 중수급 투자자

　빌라는 매수 후 수년 이내에 더 비싸게 팔고 싶은 투자족에겐 절대 안 맞는 투자처다. 아파트처럼 현금화가 빠르지 않기 때문이다. 그러나 전세 가격이 계속 오르다 보면 어느 시점부턴가 자연스럽게 내 투자금은 회수가 된다. 그때부턴 투자비 없는 투자가 된다. 이런 관점으로 보는 투자자라면 해볼 만한 투자처다.

3위. 저렴한 주거 대안 & 미래 준비가 필요한 1~2인 거주자

혼자 살기엔 오피스텔이 깔끔해서 좋다. 그러나 고정비가 높다. 실속 주거 대안이 필요한 싱글족이라면 빌라가 낫다. 지역을 잘 고른다면 향후 장기적 관점(재개발)에서 노후 대비까지 가능할 수도 있다.

빌라 투자 마무리

빌라 투자를 실전에 응용해보려면 아래 순서로 하면 된다.

1단계 : 이 지역의 수요자, 공급자 흐름은 어떤가?

수요자가 계속 증가하는 추세라면 안심, 공급이 증가한다면 조심하자. 주말에 해당 지역을 돌아보자. 공급량은 인근을 돌아다녀보면 공사 중인 곳, 새로 지은 곳들이 보인다. 빌라는 건축 기간이 6개월 정도로 짧다. 덕분에 쉽게 공급량을 알 수 있다.

2단계 : 빌라 플러스, 마이너스 검토

역세권, 인근 아파트 가격수준이 높은 곳, 초등학교 근처, 버스 등 교통 라인, 5년 이내 신축은 +3~1점을 준다. 이와 반대로 마이너스도 있다. 옆동네가 개발되었으니 여기도 될 거라는 곳, 20년 넘어가는 빌라, 불법증축/위반건축물은 -1~2점을 준다. 만약 지역에 재개발 소재가 강하다면 그땐 앞장의 아파트에 대한 플러스, 마이너스로 평가하자.

3단계 : 지역 전월세 시세

지역 평균적인 시세를 알아보고, 내가 사려는 빌라가 평균보다 높은지 낮은지 판단해 보자. 부담스럽게 높다면 검토, 낮다면 왜 그런지 원인 파악하고 최종 결정하자.

순수하게 투자로만 접근하려면 빌라 투자는 중장기적으로 전세가 상승을 통해 나의 초기 투자금을 회수하면서 천천히 다음 기회를 보는 전략이 가장 좋다. 특히 불황기를 노린다면 아파트 투자에 비해 수익이 월등히 높아질 수 있다. 돈이 꼬인 투자자들이 던지는 물건들이 유난히 많기 때문이다. 과거 성남 북부 지역의 경우 2009 ~ 2013년 무렵에 빌라와 다가구 주택의 투자 손 바뀜이 많았다. 워낙 낙후된 지역이니 언젠가 지자체가 개발 허가해줄 수밖에 없다는 믿음이 있었지만, 주택 불황기가 되자 못 견디고 투매가 늘어났었다.

마지막으로 적정 시세를 판단하는 두 가지 방법을 알아두자. 기존 빌라, 신축 빌라 모두 해당된다.

1) 주변 기존 비슷한 조건의 빌라 시세와 1:1 비교

지어진 연식과 전용 면적이 비슷한 빌라를 고른 후, 매매가를 비교한다. 비교 대상 빌라는 최근 6개월 이내 실거래가일수록 정확도가 높아진다. (국토부 실거래가 검색 또는 부동산 앱 이용)

2) 월세를 매매가로 역환산

매수하려는 빌라의 연간 월세를 2R~3R 또는 지역의 평균적인 월세 전환율로 나눠보면 적정 매매가가 나온다. (예: 월세 100만 원에 보증금 2,000만 원, 지역 월세 수준이 5%라면, 연간 월세 1,200만 원 ÷ 5% = 2억 4,000만 원) 매도자의 가격이 위 2억 4,000만 원보다 낮다면 저렴한 물건인 셈이다.

MEMO

허위 월세 계약서를 조심하자

간혹 나쁜 분양업자나 일부 매도자가 기존 세입자에게 웃돈을 주고 전월세 계약서 금액을 높여서 작성할 때가 있다. 가령 원래 월세가 50만 원인데, 세입자와 1년 기간으로 월세 60만 원으로 계약서를 쓰고, 미리 1년 치 차액 120만 원(매달 10만원 x 12개월)을 세입자에게 주는 수법이다.

순박하게 월세를 매매가로 환산해서 판단하면 비싸게 매수할 수 있다. 이런 매물을 피하고 싶다면, 주변 전월세 수준과 비교해서 적절한 수준인지 확인하자. 세입자에게 물어보는 건 의미 없다. 어차피 제대로 응답 안하며 1년 후 떠나면 끝이다.

예) 월세 10만 원은 연 120만 원이니 5% 수익률로 역환산 하면, 적정 매매가를 2,400만 원 정도 올리는 효과를 낸다. 나쁜 매도자가 부풀려 놓은 2,400만 원 중에서 반이라도 나에게 반영해서 팔면, 그는 120만 원 내고 1,200만 원 번다.

부동산 고르기 ④
· 상가주택이 끌릴 때가 있다 ·

나의 거주와 월세 모두 해결하는 다가구주택

　아파트 가격이 오르고 다주택자에 대한 규제가 강해지면서 관심이 커졌다. 흔히 상가주택으로도 부르는데 원래 이름은 다가구주택이다. 앞에서 설명한 빌라(다세대 주택)처럼 한 건물에 여러 세대가 독립적으로 거주할 수 있는 건 동일하지만, 법적으로는 완전히 다르다. 가구별로 독립적인 등기가 불가능해서 개별적으로 떼어서 매매할 수 없다. 건물을 통째로 매매해야 한다. 그러니 1주택자, 단독주택의 확장판으로 이해하면 된다.

　흔히 연면적 660m²이내 건물에 최대 19가구를 지을 수 있으며, 최대 3층 까지만 허용되지만 1층이 상가인 경우는 4층도 가능하다. 필자 생각으론 이런 건 공인중개사 시험 볼 때만 의미 있으니 가볍게 패스하라고 권하고 싶다. 실제 현장에선 1층을 상가로 2~4층을 주택으로 하는 것을 상가주택으로, 1층에 집을 짓지 않고 주차공간으로 쓰고 2~4층을 주택으로 짓는 것을 그냥 다가구주택으로 부른다.

50대 이상 직장인이라면 다가구 주택에 대한 로망이 있다. 드라마 '응답하라 1988'에 나오는 쌍문동 세입자들처럼, 집주인이라는 신분의 위력을 경험한 세대다. 그 당시 집주인은 높은 사람이었다.

다가구주택이 잘 어울리는 투자자

다가구주택은 나의 주거와 월세 수입 두 가지를 해결하는 것이 주된 목적이다. 내가 거주하지 않고 월세 위주로 받을 계획이라면 매매가의 30% 이상, 내가 거주하며 월세를 받을 거라면 매매가의 30% 자금과 내가 지낼 공간만큼의 추가 자금이 필요하다. 간혹 초기 자금이 부족한 경우 전세로만 채워서 매수 비용을 낮추기도 하는데, 임시적인 형태일 뿐 장기간 지속하기엔 위험할 수 있다. 혹시 재개발로 가더라도 10억대 큰돈을 들여서 아파트 1채만 받으니 돈의 성능이 떨어지고, 재개발이 없으면 계속 세금만 내니 손해다. 다만 단기 시세차익을 노리는 고수급에서는 이렇게도 한다. 나도 거주하고 월세도 챙기는 다가구주택이 어울리는 투자자는 다음과 같다.

1위. 애매한 가격대로 아파트 전세를 지내는 경우

어설프게 중고가 아파트에서 거주하는 경우라면, 다가구 주택도 좋은 대안이 된다. 아파트를 매수하는 경우 나의 주거만 해결될 뿐 월간 소득은 해결이 안 된다. 그러나 다가구주택이라면 서로 사는 공간이 분리되어 있으니 이런 경우 좋은 대안이 된다.

2위. 기존 낮은 주택을 허물고 새로 짓고 싶은 투자족

최근 도심권에서 다가구, 상가주택 리모델링이나 신축을 노리는 사람들이 많다. 투자 수익과 나의 실거주 모두 해결할 수 있어서다. 투자 성공 포인트는 지역의 투자를 보는 눈이다. 원룸을 많이 뺄지 투룸·쓰리룸으로 갈지를 정하는 것이 제일 중요하다.

3순위. 대인관계에 능숙한 사람

다가구 주택은 사회 초년생, 대학생 등 자기주장이 강한 2030 특성의 세입자가 많다. 이들을 관리하려면 대인 관계 대처 능력이 필수다. 지금껏 살아온 대인관계 경험이 풍부하다면 이럴 때 도움 된다. 회사에서 겪었던 상사, 후배 대하는 노력보다 덜 피곤하다는 분도 있다.

다가구주택 고르기

고르는 방법은 다세대 주택과 비슷하다. 건물 외형이 다세대 주택과 비슷하고 임차 수요로 운영하는 특성도 비슷하기 때문이다. 양쪽의 차이점과 투자 포인트를 알아둔다면 다가구 주택을 고를 때 도움이 된다.

차이점 1. 입지에 따라 선호되는 방의 개수가 다르다

다세대 주택은 2~3룸 위주인 반면, 다가구 주택은 1~2룸이 많다. 대체로 1~2인이 선호하는 곳이 다가구 주택 투자에서 성공 포인트가 된다.

출퇴근에 민감한 임차인들이니 역세권, 버스 노선 권, 주변이 어느 정도 편의시설이 있는 곳, 직장이 가까운 곳이 입지로서 좋다. 근린상가 밀집 지역 근처도 좋다. 여기서 일하는 소득이 불안정한 세입자라면 1~3년마다 자주 바뀌겠지만 유입 수요는 꾸준하니 좋다.

차이점 2. 상가주택의 1층 상가는 기본적으론 투자 가치가 약하다

1층에 상가를 둔 다가구주택, 흔히 말하는 상가주택을 구입할거라면 한 가지 더 살펴야 한다. 동네 상권이 최소한의 기능을 하는지 살펴봐야 한다. 이렇게 해야 1층의 상가 월세를 받는데 지장이 없다.

대체로 주택가 안쪽에 위치하고 있는 상가주택의 1층은 장사하기에 불리한 편이다. 평균적으론 그렇고 현장 가보면 좀 다를 수 있다. 특히 경리단길, 쌍리단길처럼 ○○단길이 생기면 의외의 큰 투자 효과를 얻기도 한다.

차이점 3. 향후 재개발을 노리는 전략은 맞지 않다

다가구 주택은 대지 지분이 너무 많다. 너무 많은 투자금을 쓰는 것이라 입주권 기준에선 돈만큼의 값어치를 못한다. 소액 투자로 갈 수 있었던 빌라에 비해 매력이 떨어진다는 의미다. 물론 해법은 있다. 지역 재개발이 꿈틀거릴 즈음에 일찌감치 다가구주택을 다세대주택으로 전환하면 된다. 이런 주택을 전환다세대라고 부른다.

차이점 4. 다가구 주택은 보유세, 소득세가 유리하다

시세의 80~90%에 육박하는 공시지가를 매기는 아파트에 비해 다가구주택은 60%대 이하로 낮은 편이라, 그만큼 과표가 낮아지니 세금 부담도 낮아진다. 공시지가 12억 이하의 '1주택자 월세 소득'은 소득세를 전혀 내지 않아도 된다. 물론 주택 부분의 월세만 이런 혜택을 준다. 1층 상가에서 나오는 소득은 부동산 공시지가와 상관없이 무조건 세금을 내야 한다.

투자 포인트1. 지속 가능한 수익은 3가지 기술이 필수

빌라처럼 다가구 주택도 시간이 갈수록, 주변 신축이 많아질수록 경쟁력이 떨어진다. 하지만 빌라는 내 돈이 적게 들었고 다가구주택은 많이 들었으니 입장이 서로 다르다.

이걸 해결하는 대안이 셀프 도배와 장판, 세입자 구하기 등으로 유지비를 낮추는 것이다. 원룸, 투룸은 사회 초년생들이 많아서 전출입이 잦다. 1년 계약이면 한 달 월세가 중개 수수료로 나간다. 직거래로 해결할 수 있다면 좋다.

투자 포인트2. 애매한 목돈을 가진 싱글에겐 좋은 대안

만약 이런 넓은 공간이 필요하지 않은 싱글이라면 초기 투자금이 상대적으로 적게 든다. 처음에는 1층 가장 작은 방을 내가 사용하고 나머지 10개 이상의 호실들을 대부분 전세로 돌린다. 다만 세입자들이 모두 전세보증보험에 가입해야 한다면 차질이 생길 수 있다. 이런 경우 월세를 섞은 반전세로 전체 보증금을 낮추고 부족한 투자 자금은 가족, 지인들로부터 자금을 조달하는 게 보통이다.

투자 포인트3. 입지는 나빠도 사업성 좋은 곳이 있다

자금이 부족하다면 막다른 골목에 있는 다가구 주택도 고려해 보자. 시세가 저렴하다. 하지만 저렴한 전월세를 찾는 세입자들에겐 이런 곳이 좋을 수도 있다. 소유자의 거주 기준과 세입자들의 거주 기준이 다르기 때문이다. 1~3년만 살고 떠날 세입자들은 깔끔한 실내 조명, 깨끗한 창틀에 더 긍정적으로 반응한다.

다만 이런 주택을 매수해서 리모델링 또는 신축하는 것은 투자 판단 난이도가 높으니 부동산 전문가와 건축설계 전문가 2명 이상의 상담은 필수다.

아파트 평가 - 플러스 항목들

- 별 5개 만점 기준, 점수가 높을수록 긍정적인 영향력
- 공시가 기준으로 '7억/ 12억/ 20억대'로, 지역은 '도심권/ 주변부/ 신도시'
  로 구분하여 더 큰 영향을 받는 가격대, 지역을 추가로 표시

  예) 학세권 : 3점, 12억/20억, 도심/주변/신도시

  학군은 7억대보다 12억대, 20억대 이상 아파트에 더 큰 영향력을 주
  며, 도심/주변/신도시 등 지역 가리지 않고 3점 정도의 긍정적인 영
  향력을 준다.

평가 항목	점수	가격대	지역
1만 세대 이상 재개발/재건축 1만 > 5천 > 2천 세대, 5~2점	5	ALL	ALL
직세권 메인급관공서>대기업>일반기업, 4~2점	4	7억/12억	주변/신도시
학세권 메인급관공서>대기업>일반기업, 4~2점	3	12억/20억	ALL
교통과 역세권 메인급관공서>대기업>일반기업, 4~2점	4	7억/12억	주변/신도시
교통권역 서울로의 접근성. 강남권 > 중구권 >지역별 거점	2	7억/12억	신도시
GTX 접근성 강남권 > 중구권 > 지역 거점	2	ALL	신도시
편의 시설 백화점 > 마트 > 외식/병의원 등	2	ALL	주변/신도시
신축아파트 5년 이내 > 10년 이내 신축 순으로 2~1점	2	ALL	ALL
세대 규모 5천 세대 >1천 세대 이상 순으로 2~1점)	2	ALL	ALL
아파트 브랜드 1군 브랜드 기준으로 반영	1	ALL	ALL
35층 초고층 아파트 50층 초과 초고층은 3점	2	20억	ALL

아파트 평가 - 마이너스 항목들

- 별 5개 만점 기준, 점수가 높을수록 부정적인 영향력
- 공시가 기준으로 '7억/12억/20억대'로, 지역은 '도심권/주변부/신도시'로 구분하여 더 큰 영향을 받는 가격대, 지역을 추가로 표시

  예) 구릉지 : -1점, 7억/12억, 도심/주변/신도시

    구릉지는 20억대보다 7억대와 12억대 이하에 더 큰 영향을 주며, 도심/주변/신도시 등 지역 가리지 않고 -1점 정도의 부정적인 영향력을 준다.

평가 항목	점수	가격대	지역
인근에 신도시 등장 신도시 규모에 따라 -3~-2점	-3	7억/12억	주변/신도시
인근에 고가도로 가도로, 내부순환 고속도로 등	-2	ALL	ALL
옆 건물로 인한 부족한 일조량 준공업, 상업지역에서 빈번하게 발생	-2	ALL	ALL
지속적인 소음, 냄새 항공기/자동차 전용도로 소음 등	-1	ALL	ALL
무료 배급소, 납골당, 화장터 5천 세대 >1천 세대 이상 순으로 2~1점	-3	ALL	ALL
구릉지, 언덕 마포처럼 지역 대부분이 구릉지 특성이라면 제외	-1	7억/12억	ALL

향후 더욱 강해질 플러스 항목

평가 항목	점수	가격대	지역
물세권 물세권 > 공세권(공원) > 숲세권	1 → 3	12억/20억	도심/신도시
커뮤니티, 입주자 시설 설치한 시설들이 잘 유지/활용되는지가 관건	1 → 3	12억/20억	도심/신도시
내진 설계 수준 지진 발생 피해/빈도에 따라 주목받을 항목	0 → 1	ALL	ALL
입주민 소득 수준 확인은 어렵지만 가장 강한 플러스	4 → 5	12억/20억	ALL

4장

금융 상품.ZIP

"
시험 볼 것 아니면
기능으로만 골라도 90점
"

금융 상품은 카페다

"내가 돈을 먼저 건네 줬는데, 그쪽에서 물건을 안주면?"
"그럼 내가 물건을 먼저 줬는데, 귀하가 돈을 안보내면?"

- 중고 물건 택배 거래할 때 고민 -

블로그나 유튜브에 금융 상품 수수료 비밀 이야기, 펀드의 비밀, 보험사의 폭리 등 음모론이 많다. 이렇게 당하고 살았나 싶은데 호기심 끌기인 경우가 대부분이다. 커피로 보자면 쉽다. 카페의 비밀, 커피 판매 수수료의 비밀 이런 책이 있는지 생각해 보자. 혹시라도 그런 책을 보게 될 때, 내가 자주 애용하던 카페와 커피에 대해서 실망스러운 느낌이 들까? "어쩐지… 내가 속았구나" 반응보단 "뭐야, 카페 가면 돈 내야지, 인테리어 잘 된 베이커리 카페에 가면 더 많은 돈을 내는 건 당연하지 않나?"가 더 많을 것이다. 우리는 카페의 수준에 따라 커피 값을 더 내야한다는 건 잘 안다. 매장이 얻는 이윤이나 카페 사장이 가져가는 마진의 구조보단 '내가 얻는 혜택의 적절함'에 더 관심이 높다. 그런데 SNS에서 금융 상품에 대해서 조금이라도 특이한 정보를 들으면 뭔가 속은 느낌, 모르면 안 될 것처럼 즉시 반응한다. 금융을 카페만큼도 모르다보니 벌어지는 일이다.

우선 금융 상품의 맥락을 알아두자. 주식과 부동산 투자에 비해 3가지 큰 차별점이 있다.

1) 내가 적절한 투자자인지 챙겨준다
부동산, 주식 투자에선 전 재산 1억 가진 사람이 10억 짜리 토지를 계약하든 2억 더 빌려 주식투자를 하든 본인 책임이다. 금융 상품은 다르다. 가입해도 될 정도의 소득이 있는지, 투자 위험성과 중요사항을 제대로 알고 가입했는지 확인한다. 이걸 안 하면 소비자에게 돈을 다 돌려주고 금융당국의 징계를 받는다.

2) 다양한 부가 기능이 있다
물건은 같아도 씌우는 박스를 다르게 디자인하면 용도가 달라진다. 금융 상품이 그렇다. 금융 상품의 속 알맹이는 주식, 부동산, 원자재 등이다. 여기에 주택을 청약할 권리, 평생연금 지급, 연말정산 혜택, 사고 나면 돈 주는 기능, 투자 손해나더라도 원금 보장이라는 기능을 추가한 것이 금융 상품이다. 재테크도 하고 덤으로 부가 혜택도 누리게 해준다.

3) 간편함과 소액 재테크

이건 다 안다. 단돈 1만 원으로 아마존 주식을 쪼개서 살 수도 있고, 매달 10만 원으로 미국과 유럽에 있는 모든 주식, 원유 시장에 투자할 수 있다. 나를 대신해서 누군가가 열심히 내 돈을 굴려준다. 그만큼 신경을 덜 쓰고 재테크를 할 수 있다.

이것이 주식과 부동산 투자 대비 금융 상품 재테크의 최대 장점이다. 이런 장점들이 필요하다면 수수료를 내더라도 금융 상품 재테크를, 굳이 내게 필요하지 않다면 부동산 또는 주식투자로 수수료 없이 전적으로 내 책임으로 직접 달리면 된다.

금융 상품 재테크를 잘하고 싶다면 머릿속에 딱 두 가지를 기억해두자. 기능과 특성에 대한 이해다. 기능은 이 책에 나온 포인트별로 설명하는 걸 보면 된다. 나머지가 특성인데 이것도 비교적 간단하게 해결할 수 있다. 다수의 주식과 원자재를 섞어서 만든 것이 금융 상품인지라, 개별 주식처럼 연구하고 파헤치지 않아도 된다. 배터리 산업, 반도체 산업, 베트남 경제, 미국 경제 등의 전반적인 분위기만 알아도 특성을 이해하는 데 도움이 된다. 그러라고 금융 상품을 만들었으니까. 오늘부터 1~2주에 한 번씩 경제 신문을 읽어보자. 그렇게 하는 것만으로도 금융재테크를 잘 해낼 수 있다.

금융 상품 재테크 기초 상식

진짜 금융 상품 인지 구별하자

'허가받은 금융회사에서 판매하는 상품'이 금융 상품이다. 쉽게 말해서 은행, 증권사, 보험사 등에서 판매하는 펀드, 예금, 연금저축 등이다. 확인하는 방법은 소개자료를 요청하면 된다. 거기에 승인번호가 나와 있다. 이게 없다면 판매자가 상상력을 발휘해서 만든 자료일 가능성이 크다. 장점은 부각시키고 단점은 살짝 가린다. 이런 것을 피하고 싶다면 상품 자료의 승인번호를 확인하고, 콜센터에 확인해 보자. 판매자 명함, 설명한 메모지 보관은 필수다. 인터넷 블로그, 유튜브에 나오는 재테크도 마찬가지니 응용해서 살펴보자.

금융 상품에서 내가 선택할 수 있는 옵션

아래 모든 특성을 정확히 응용할 수 있다면 금융 상품 컨설턴트다. 혹시 몰라도 좌절하진 말자. 이런 것을 고려해야 좋은 금융 상품 재테크를 할 수 있다.

- 목적별 : 목돈, 노후 생활비, 교육비, 주택청약, 배상/보상금
- 소득별 : 무소득자, 소득자(근로자, 위촉자, 사업자)
- 나이별 : 태아, 미성년자, 성인, 노인
- 세금별 : 세금공제, 저율과세, 과세이연, 분리과세, 비과세
- 기간별 : 1~3년 만기, 고정 만기, 무제한 만기
- 입금별 : 정해진 금액 납입, 자유 납입, 자동/직접 추가납입
- 재테크 : 금리형, 투자형, 원금보장 되는 투자형

'예금자 보호 안 된다'는 말에 긴장하지 말자

'예금자 보호*가 되는지 안 되는지'는 '안심 재테크인지 불안 재테크인지'와 다르다. 예금자 보호를 받으려면 매년 꼬박꼬박 내 돈을 내야

---

* 예금자 보호: 금융회사 파산 시, '원금+소정의 이자'를 합해서 5,000만 원 한도로 해준다. 2023년 기준이며 차후 증액될 수 있다. 다만 가입했던 시절의 고율 이자는 안 준다.

한다. 내 돈이 나가는 것이니 내게 꼭 필요한지, '보험에 가입해야 하나 말아야 하나'부터 판단하자. 만약 꼭 지켜내야 할 돈이거나 아직 투자형 재테크가 미숙하다면 예금자 보호 금융 상품이 진리다. 여러 금융회사에 4,500만 원 정도씩 나눠서 예치하자.

누진세율, 세테크 기본 지식

소득이 높아질수록 세금을 더 낸다. 1,000만 원을 추가로 벌면 소득별로 세금이 달라진다. 소득이 4,000만 원이었던 사람은 165만 원을, 소득 1억이었던 사람은 418만 원을 세금으로 낸다. 같은 1,000만 원을 벌었는데 내는 세금이 다르다. 이런 높은 세율을 낮추는 과정을 '세테크'라고 부른다. 개인사업자라면 사업 소득을 여러 해로 분산시키거나, 법인 설립 후 분산하면 된다. 직장인이라면 이게 불가능하지만, 세금 이월공제 혜택이 있는 연금저축, IRP, 벤처기업 기금 등을 활용하면 좋다. 연봉이 올라서 세율이 높아질 때 이월공제를 몰아서 신청하자.

금융소득종합과세 대상자가 된다는 것

금융 상품으로 재테크할 땐 금융소득종합과세, 즉 금소세를 조심해야 한다. 이자와 배당 등 금융소득은 연간 2,000만 원 이내까진 15.4%로 세금을 내면 되지만 2,000만 원을 초과하면 금소세 대상자가 된다. 이렇게 되면 다음 해 5월에 종합소득세를 반드시 신고해야 한다. 만약 기존 소득이 있다면 누진세율을 적용받으니 중과세다. 소득세 신고로 더 낼 게 없다 하더라도 나의 건강보험료가 상승할 수 있다. 만약 건강보험의 피부양자였다면 더 민감하다. 자격이 박탈되고 지역가입자로 강제 전환되어 높은 건보료를 낼 수도 있다. 추가적으로 향후 3년간 ISA 신규가입 제한되며 향후 5년간 국세청의 모니터링 대상이 된다. ISA, IRP, 연금저축, 비과세 되는 보험이나 예금 등을 활용하면 금소세를 피하는 데 도움 된다.

'계좌'라는 단어가 들어간 금융 상품

연금저축계좌, ISA 계좌, IRP 계좌, 퇴직연금계좌 등 계좌라는 단어가 들어간 금융 상품들은 '계좌개설과 금융 상품 선택'이란 2단계를 모두 해야 재테크가 시작된다. 계좌를 개설했다면 그 후 내 돈을 이곳에 입금하고, 추가로 펀드 매수 등 추가 절차를 해줘야 한다. 계좌개설 후 입금만 해두면 내 돈은 이자도 없이 방치된다.

계좌 방식인 경우 같은 상품을 여러 개 가입하는 것도 좋다. 하나는 조만간 정리할 목적, 다른 것은 계속 유지할 목적으로 하자. 혜택은 챙기고 내 돈은 안 꼬이게 해준다. 만약 여러 상품에 가입하고 싶다면, 지점에 가는 것을 추천한다. 스마트폰으로 하면 오래 걸린다.

돈이 모이는 금융 상품 세팅하기

직장인, 프리랜서, 1인 크리에이터 누구든 공통으로 해야 할 기본적인 금융 상품 세팅을 소개한다. 이렇게 구성하면 월급/소득으로 들어온 내 돈을 지출 관리하기 쉽고, 언제든 한눈에 금융자산을 집계할수 있다. 이 책을 보면서 이 정도까지만 따라 해도 이득이다. 그 정도로 효과적이다.

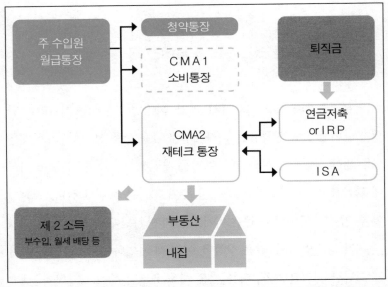

주 수입원(월급통장)과 청약통장은 금리형 특성, CMA1과 CMA2, 연금저축(or IRP), ISA는
투자형 특성, 제 2소득은 우리 모두의 꿈. 중요할수록 더 크게 그렸다.

금융투자의 기본급 통장들
· CMA, 예적금, ISA ·

CMA통장, 재테크의 출발점

CMA(Cash Management Account, 종합 자산관리 계좌)는 증권사에서 가입한다. 은행의 보통예금통장(흔히 월급통장)처럼 자유로운 입출금 목적으로 개설한다. 단 하루를 넣어 놔도 이자를 주니 은행의 보통예금통장보다 낫다.

CMA를 가장 잘 활용하는 방법은 이곳에 내 모든 돈을 놔두고 재테크를 선택하는 것이다. 어떤 재테크를 선택할지, 언제 주식에 투자할지 고민하며 보내는 그 시간에도 CMA는 내게 이자를 준다. 항공모함처럼 천천히 꾸준히 이동한다. 근데 이게 꽤 크다. 500만 원 잔고인 상태에서, 월급 300만 원을 받은 후 한 달 이내에 300만 원 다 소비하고, 다시 월급…. 이렇게 해도 20년 후, 은행의 보통예금 통장에 비해 4~700만 원 정도 차이를 낸다.

소비용과 자산관리용으로 구분해서 개설하면 더욱 좋다. 소비용 CMA는 현금 인출과 이체수수료가 무료인 증권사 중에서 고르고, 재테크용 CMA는 금융 상품 종류가 다양하고 국내외 투자 정보 제공에 '적극적인' 증권사에서 개설하는 것이 좋다. 이왕이면 국내, 해외 주식 거래 수수료가 낮은 곳이 좋지만 이건 나중에 서로 비슷해진다.

꼭 기억할 기능은 딱 1개다. 언제든 내부 엔진을 바꿀 수 있다. MMW형, MMF형, RP형 등에서 하나를 고를 수 있다. 금리 차이가 0.1%P 정도로 미세해서 뭘 골라도 비슷하긴 한데, 시장 상황에 따라 서로 역전되기도 한다. 어느 쪽 금리가 높은지 간혹 금융회사에 문의해 보자.

예적금, 초보도 고수도 모두 필요하다

예·적금은 은행에서 판매하며 주로 1~3년 만기 재테크로 좋다. 만기 전에 해약해도, 매월 납입 할 돈을 내지 못해도 원금 손해가 없는 것과 이자가 장점이다. 단기간에 목돈을 모으거나, 원금 손해 없이 이자 받고 싶거나, 특히 개과천선(?)하고 싶은 '소비 요정족'에게 좋다. 돈 모으는 습관을 만드는 효과가 있기 때문이다. 만약 65세가 넘었다면 비과세종합저축을 신청할 수 있다. 5,000만 원 목돈까진 비과세다.

예금상품을 매달 가입하고 만기 올 때마다 재가입하는 '풍차 돌리기'나 5~7년 이상 장기간 만기를 가진 예·적금 또는 금리형 상품도 돈 모으는 습관 만들기에 좋다. 다만 자산증식 효과는 낮으니 그건 감안하자. 물가로 인해 내 돈 가치가 떨어진다.

예금과 비슷한 단어라서 그런지 달러/엔화 외화 예금이나 골드뱅킹에 가입하는 분들이 있다. 환차익은 비과세지만 2~3% 환전수수료를 고려하면 '1R+2%' 이상 더 상승해야 예금보다 나아진다. 환율이나 금값 상승할 때는 이익 그 반대면 더 손해이니 포트폴리오 차원에서만 고려하자. 포트폴리오 차원이란 한 곳에만 투자하지 않고 여러 곳에 나눠서 투자하는 것을 말한다. 예·적금은 이 기준으로 보자면 안전자산이다. 2023년 4분기처럼 투자 시장이 불안정할 땐 주식 비중을 낮추고 예금 비중을 높여서 대응하는 게 정석이다.

최근 은행의 마케팅은 '복리통장', '추가 이자지급'을 주로 앞세우는데, 호갱이 되고 싶지 않다면 홍보에 나오는 복리/이자율 말고 만기 금액으로 판단하자. 금융회사의 안정성이 궁금하다면 '금융통계정보시스템'에서 BIS 비율이 최소 8%를 넘는지 확인해 보자.

ISA, 선개후곰

ISA(개인종합자산관리계좌, Individual Savings Account)는 200~400만 원 비과세 등 절세 혜택이 있는 계좌형 금융 상품이다. 소득이 있다면 15세부터 가입, 19세부터는 소득과 상관없이 누구나 가입할 수 있다. 1인당 오직 1개의 ISA만 개설할 수 있고, 언제든 다른 금융회사로 계좌를 이전할 수 있다. 재테크로 볼 때 두 가지가 큰 장점인데, 하나는 누구나 좋고 다른 하나는 고소득 개인사업자와 넉넉한 연금소득자에게 좋다.

1차 선택 (자격 요건)	일반형	서민형/농어민형
1차 선택 (자격 요건)	19세 이상 누구나 15세 이상 근로소득자	근로자 : ~5,000만 원 사업자 : ~3,800만 원
수익에 대한 절세 혜택	200만 원까지 비과세	400만 원까지 비과세
수익에 대한 절세 혜택	초과한 수익은 9.9%로 분리 과세	
2차 선택	중개형, 신탁형, 일임형 중 택 1 중도 해지(천재지변, 퇴직, 폐업, 파산 등)	

ISA는 3~4년 후 찾아서 써야 할 돈을 재테크하기 딱 좋다. 예를 들어 국내 상장 해외 펀드(이하, 국산 펀드)는 CMA든 ISA든 어디에서든 가입할 수 있다. 만약 ISA에서 국산 펀드를 가입하면 200만 원의 이자, 배당 수익까진 비과세다. CMA에서 동일한 펀드를 가입할 때보다 약 30.8만 원이 절약된다. 혹시 1,200만 원 수익이 나면, 200만 원은 비과세고 초과한 수익은 9.9%만 세금 내니까 CMA보다 85.8만 원 이득을 본다.

만약 3,000만 원 이자, 배당 수익이 나면 어떨까? CMA였다면 초비상이 된다. 2,000만 원 초과한 금융소득이라서 나의 건강보험료가 올라가고 내년 종합소득세를 더 내야 한다. 만약 직장인 자녀의 피부양자로 등록한 퇴직자라면 손해가 엄청나다. 피보험자가 박탈되고 지역가입자로 전환되어 매달 비싼 건보료를 내야 한다. ISA로 한다면 걱정 없다. 200만 원은 비과세고 나머진 9.9% 세금만 내면 끝난다. 고소득 자영업자, 퇴직자에게 ISA가 필수인 이유다.

그렇다면 ISA는 어떻게 가입해야 할까? 개설해서 3년 이상만 유지하면 된다. 혹시 연 5,000만 원 이하 근로소득자나 기본 경비를 뺀 소득이 3,800만 원 이하 개인사업자라면 비과세가 400만 원까지 늘어난다. 유일한 약점이 3년 이상 유지 의무인데, 미리 개설해두면 그 기간도 유지 기간에 포함된다. 게다가 매년 2,000만 원 한도 입금 자격이 다음 해로 계속 이월 누적된다. 최대 1억 한도까지다. 그러니 나를 포함 우리 가족 모두에게 ISA개설하라고 말해주자. 특히 퇴직 후 여유 있으신 부모님 세대가 있다면 이렇게 말씀드리자. "선개후곰, 선 개설 후 고민하세요. 당장 하실 거 없으면 ISA에서 예금 가입하세요. 비과세예요."

가입할 때는 '중개형, 신탁형, 일임형' 셋 중 하나만 고른다. 국산 펀드와 '예금, ELB'로 재테크를 하고 싶다면 신탁형을, 국산 펀드와 '국내 주식'으로 재테크를 하고 싶다면 중개형을, 누가 나 대신 재테크를 해주면 좋겠다면 일임형을 고르면 된다. 혹시 잘못 골랐더라도 중간에 언제든 바꿀 수 있다.

ISA를 응용하면 이렇다. 3년 후 수익이 200만 원이 넘으면 일단 해약, 비과세와 9.9% 저율과세를 챙기고 다시 ISA 통장을 개설한다. 만약 200만 원에 한참 못 미친다면? 다시 연장해서 수익금이 200만 원 넘는 시점에, 가령 4년 차에 해약하면 된다. 그냥 빈 통장만 놔둔 채 5년이 지났다면 무려 1억 한도로 목돈을 넣어서 재테크 할 수 있다. ISA에 있는 예금상품, 가령 1년 만기 4%짜리에 5,000만 원을 입금하면 1년 후 200만 원 이자를 고스란히 챙긴다. 1년 만기 은행 예금으로 환산하면 4.7% 이자와 같다.

첫 3년 만기 전에 해약하더라도 "그냥 15.4% 세금 내면 되지"로 생각했는데, 만약 내가 A펀드에서 800만 원 손해를, B펀드에서 1,000만 원 수익을 낸 상황이라면 잘 판단해야 한다. 만약 3년을 채워서 해약했다면, A와 B 수익을 통합 정산하므로, 최종 200만 원 수익이니 낼 세금이 없다. 그런데 중간 해약하면 개별 정산방식이라, 수익 난 B펀드는 154만 원 세금을 내야 한다. 대안은 있다. 바로 중도인출이다. 만기 전이라도 내가 넣은 원금에 한해서 페널티 없이 먼저 인출해서 쓰고, 약간의 잔액만 남겨놨다가 3년 채워서 해약하면 된다. 역시 아는 만큼 번다.

금융 상품 투자의 기본
· 펀드와 ETF ·

펀드와 ETF 모두 FUND다. 퇴직연금, CMA, ISA, IRP, 연금저축, 저축보험, 개인연금보험, 보장성보험 등 거의 모든 영역에서 등장한다. 제대로 알아 두면 어떤 금융 상품이든 재테크가 쉬워진다.

펀드, 모든 투자형 금융 상품의 기본

펀드는 투자하는 대상이 국내부터 해외까지 다양하고 가입과 해지 등 관리가 간편하다. 내가 주식/부동산/채권/원자재에 직접 투자하지 않아도 누군가 그리 해준다. 일종의 간접 투자다. 직접 투자의 번거로움을 덜고 싶다면 펀드가 답이다. 그 대가로 매년 1~3% 정도의 수수료를 낸다. 이왕 내 돈을 냈으니 매년 한 번 이상은 평균 이상의 수익 중인지, 비슷한 다른 펀드보다 여전히 나은지 점검해야 한다.

펀드 특징을 조금만 더 챙겨보자면 이렇다. 매달 얼마를 입금하든 내 마음대로다. 언제든 '자동이체'만 중단하면 될 뿐 납입 안 한 것에 대한 페널티는 없다. 상품 만기도 없다. 내가 처음 가입할 때 만기를 지정하지만 '내 돈을 넣는 것'에 대한 상징적인 만기일뿐 실제 만기가 아니다. 이런 점 덕분에 소득이 불규칙한 사람들에게도 펀드가 좋은 대안이 된다.

투자 영역도 매우 다양하다. 중동지역 주식만 골라서 투자할 수도 있고, 옥수수 시장에만 투자할 수도 있다. 얼마나 많은 선택이 가능한지 보고 싶다면 증권사 홈페이지의 펀드 메뉴로 가면 된다. 동일한 펀드일지라도 판매하는 금융회사에 따라 이름 끝 명칭이 살짝 바뀌니 그 점만 헷갈리지 말자. 'ㅇㅇ 운용 5차산업 주식형' 또는 'ㅇㅇ 운용 5차산업 투자신탁' 이런 식이다. 둘 다 같은 펀드다.

남들보다 나은 펀드를 가입하고 싶다면 3단계로 검토하자. 우선 시장 상황이다. 펀드 성과의 70~80% 비중은 '해당 분야/시장의 등락'으로 결정된다. 돈을 굴리는 운용 매니저의 역량도 있지만 이건 20~30% 정도 비중, 나머지 1~2%의 역할이 수수료 구조다. 그러니 좋은 펀드를 고르고 싶다면 국가별 경제, 산업 분야의 흐름을 보면 된다. 가령 'ㅇㅇ 운용 골드 ㅇㅇ 펀드'라면 금에 투자하는 펀드다. 전쟁

발발, 달러 위상이 흔들릴 때 금 투자 가치가 오른다.

그다음이 운용 매니저의 능력과 수수료 구조다. 참고할 지식들이 많지만, 아래 지식 정도만 챙겨도 기본 이상은 한다.

1) 운용 매니저 능력 분석(20~30% 비중)

금융회사 홈페이지에서 볼 수 있다. 대한민국의 경우 코스피 지수, 미국은 다우 지수 또는 나스닥 지수와 비교해서 그래프로 살펴보자. 검토하는 펀드가 이 지수들과 비교해서 더 낫다면 일단 만족이다. 그다음이 분석값이다. 샤프지수, 젠센의 알파, 표준편차, 베타값 등. 투자 우수성을 판단할 때 보는 건 샤프지수, 젠센의 알파다. 1년, 3년, 5년 각 기간별로 플러스 값, 이왕이면 클수록 좋다. 나머지 표준편차와 베타값은 등락의 변동성 특성일 뿐 투자 성과와 직접 관련 없다. 이런 식으로 동일유형의 펀드도 살펴보자.

참고로 표준편차는 주식형 펀드의 경우엔 20 정도, 주식혼합형 펀드일 땐 10~20, 채권형 펀드일 땐 10 이하가 무난하다고 한다. 베타값은 1보다 크면 시장이 상승할 때 더 상승하고, 시장이 하락할 땐 더 하락한다.

2) 수수료 구조, 클래스 선택 (1~2% 비중)

마지막이 클래스 선택이다. 흔히 동일한 펀드라면 수수료가 낮은 게 좋다고 하던데, 그건 틀렸다. 내가 투자하려는 기간과 원하는 특성에 맞게 골라야 정답이다. 가장 자주 선택되는 건 e, A/C, H/UH 클래스다. 가령 e클래스는 온라인 전용 펀드다. 투자 관련 증권사 직원의 관리는 못 받는 대신에 수수료가 낮다. A와 C는 선취, 후취 이렇게 부르는데 그냥 투자 기간으로 선택하면 된다. 연 6% 수익률 기준, 2년 이내에 돈을 찾을 거라면 C클래스로 그 이상은 A로 선택하면 된다. 해외 펀드라면 H와 UH가 더 있다. 환율 등락으로 인한 환차익/환차손을 감당할 거면 UH(Un-hedge)를, 환-헤지를 하고 싶다면 추가 수수료를 내는 H(Hedge)를 고르면 된다. 수수료는 0.2~0.5% 등 펀드별로 다르다.

> 예) 매달 100만 원을 2년간 OO 운용 나스닥 100 주식형(Ce-H) 투자 시
>
> 내 돈 그대로 60% 이상 미국 나스닥 100등까지의 주식에 투자하고, 수수료는 매년 쌓인 적립금에서 가져간다. 적립금이 커질수록 장기간 굴릴수록 수수료는 A클래스에 비해 더 커진다. 다만 e클래스이니 오프라인 펀드보다 수수료가 낮다. 환율 변화로 환차손 있더라도 걱정 없지만 즐거운 환차익도 없다.

펀드에서 꼭 알아둘 단점과 대안은 이렇다. 첫째, 펀드는 미리 약속한 대로 돈을 굴려야 하니 '예측 가능한 운용'이란 장점이 있지만 이런 의무가 오히려 단점도 된다. 가령 주식형 펀드의 경우, 내가 입금한 돈의 60% 이상의 주식을 '의무적으로' 매수해야 한다. 폭락이 예상되더라도 그렇다. 대안은 딱 하나, 내가 알아서 펀드를 환매해야 한다. 그래서 펀드는 셀프 관리가 필수다. 둘째, 환매하면 돈이 입금되

는 데 시간이 걸린다. 국내 펀드라면 3일 정도지만 해외 펀드라면 2주 가까이 걸릴 수 있다. 차질 없어야 할 돈이라면 미리미리 환매해야 한다. 셋째, 펀드에 큰 돈을 투자하면 연간 2,000만 원을 초과한 이자/배당수익이 발생할 수 있다. 이렇게 되면 종합소득세 신고와 건강보험료 등에 영향을 준다. 이런 것이 염려된다면, 가입하고 싶은 펀드를 ISA에서 먼저 가입하고, 나머지는 연금저축/IRP에서 가입하면 된다. 만약 변액연금보험이 있다면 땡큐다. 추가 납입으로 투자하면 해당 수익금에 대해 전액 비과세 혜택을 받는다.

끝으로 펀드 활용 테크닉인 '추가불입 한계'와 대안을 소개한다. 추가불입은 매달 약정한 돈만 내다가 어느 날 한 번에 목돈을 펀드에 투입하는 것이다. 주로 주가 하락 시에 한다. 가령 20% 이상 하락할 때 추가불입 하면 주가가 원 위치로만 와도 수익이 난다. 하지만 3개월 이내에 환매하면 60~70%의 높은 중도 환매수수료를 내야 한다. 직전 3개월 이내에 '투입한 내 돈'에서 얻어진 수익을 공제하기 때문이다. 이걸 피하려고 만기까지 기다렸는데 다시 하락하면 추가매수 보람이 사라진다. 이런 고민은 이미 가입한 '추납 수수료 없는' 변액연금보험이 있다면 해결할 수 있다. 목돈을 변액연금보험에 추가 납입한 후, 수익이 나면 원금과 수익금 모두 인출하면 된다. 따로 페널티는 없다.

ETF, 저가 수수료로 대세가 되다

최근 들어 장기 투자족이 늘어나면서 일반 펀드에 비해 낮은 수수료인 ETF 인기가 오르는 중이다. ETF(Exchange Trade Fund)는 특성별로 여러 주식을 묶어서 주식처럼 거래할 수 있게 만든 Passive Fund다. 초과 수익을 못 내는 펀드에 실망할수록, 수수료가 0.5% 이하로 낮은 ETF는 빛이 난다. ETF와 비슷한 ETN도 알아 두면 좋다. ETF는 자산운용사가, ETN은 증권사가 발행하는 상품이다. 상품 다양성으로 보자면 ETN이 더 많다. 맥주로 말하자면 ETF는 일정한 방식을 따르는 공장 제조 방식, ETN은 양조장 주인의 특성이 들어간 수제 맥주와 비슷하다.

ETF는 펀드의 장점인 '다양한 투자'와 주식의 장점인 '빠른 매매'를 동시에 원하는 투자자에게 최상이다. 특히 주식을 고르기만 하면 주가가 하락하는 일명 '똥손'들에게 좋다. 다수의 종목이니 한두 개쯤 실패해도 전체에 지장이 크진 않다. 아울러 장기 투자를 해보고 싶은 진득한 투자자에게도 좋다. 일반 펀드에 비해 수수료가 아주 낮기 때문이다.

간결한 ETF의 장점은 고를 때도 나타난다. 그냥, 투자하고 싶은 분야의 미래 전망만 보면 된다. 이게 전부다. 혹시 해외 주식에 투자하는 거라면 여기에 세금만 더 고려하면 된다. 수익 규모에 따라 세금 득실이 달라지기 때문이다.

가령 미국 주식시장에 투자할 때, 연간 250만 원 이하 차익이라면 해외 상장 ETF가 낫다. 연 250만 원 차익까진 세금이 없기 때문이다. 이보다 약간 더 큰 차익일지라도 여러 해에 걸쳐서 250만 원 이하 차익이 되게끔 분할 매도하면 세금 0원이다. 이보다 훨씬 큰 2,000만 원 이하 차익이라면 그때는 국내 상장 ETF가 낫다. 혹시 2,000만 원을 초과해도 여러 해에 걸쳐서 연간 2,000만 원 이하 차익이 되게끔 분할 매도하면 15.4%만 내면 된다.

ETF에서 주의할 건 원자재 ETF와 거래량 낮은 ETF다. 원자재 ETF는 선물거래 방식이라 가격 변동 폭이 크다. 원자재 시세가 급등락하거나 거래량이 폭증하면 가격 왜곡이 심하게 발생하여 거래 중단 사태가 발생할 수 있다. 설상가상으로 선물 시장 가격은 그 사이에도 계속 변한다. 투자자 입장에선 수익실현 또는 손절을 못하니 속이 터진다. 일간 거래량이 수십억대로 낮은 ETF도 이런 일을 겪을 수 있다. ETF 거래하는 메뉴에 추적오차율과 괴리율이 나오니 그 부분을 살펴보자. 수치가 낮을수록, 0에 가까울수록 좋다.

추가로 2×, 3× 레버리지 ETF 고를 때도 신중 하자. 흔히 곱버스라고 하는데, 투자 대상이 1만큼 상승하면 2나 3만큼 레버리지로 상승한다. 여기까진 좋지만, 그 반대인 하락도 마찬가지다. 이 점을 알고 투자하는 경우가 대부분이지만 막상 2~3배로 손실을 겪으면 멘탈이 나간다. 이런 곱버스 ETF류는 시장이 폭락할 때, 일시적으로 단기간 급상승을 기대할 때 활용한다. 보통 1~2주 이내 투자용이다.

끝으로 ETF를 고급스럽게 응용하는 방법을 소개한다. 예를 들어 매달 ○○만 원씩 주식 투자를 한다면, 50%는 ETF(또는 펀드)를 나머지 50%는 개별 주식 2~3개를 자동 매수하면 좋다. 수십 개의 주식이 묶여 있는 ETF의 낮은 변동성, 고수익을 추구하는 개별 주식의 탄력성, 이 두 가지가 잘 섞여서 투자 밸런스가 잘 맞는다. 여기에 나의 취향 또는 시장 상황에 따라 투자 비율을 6:4 또는 7:3 이런 식으로 변화를 주면 투자 중수가 된다.

MEMO

해외 상장 ETF와 국내 상장 ETF 수수료 차이

똑같은 미국 주식 시장에 투자한다면, 글로벌 시장에서 큰 규모로 거래되는 해외 상장 ETF의 수수료가 국내 상장 ETF보다 낮은 편이다. 글로벌 시장에서 크게 운용하는 것이니 낮은 비율로 수수료를 받아도 충분하기 때문이다. 여기까지로 보면 미국 시장에 상장하는 ETF가 낫다. 그러나 개인이 해외 상장 ETF를 매수하려면 원화를 달러로 환전해야 하니 '환전수수료'가 추가로 발생한다. 물론 국내 상장 ETF도 미국 시장에 투자하려면 환전을 해야 하지만, 이건 기업 대 기업 간의 거래라서 개인들의 환전수수료보다 훨씬 저렴하다. 결국 환전수수료와 거래수수료 비용들을 모두 고려하면 양쪽은 별 차이가 없는 경우가 많다.

미국 시장에 투자하기 위해 국내 상장과 해외 상장 어느 쪽 ETF에 투자하고 싶은지 판단하고 싶다면, 총 수수료보다는 기존 투자 성과와 내가 감당할 세금 차이로 선택하는 것이 더 현실적이다.

목돈 굴릴 때
· ELS와 랩어카운트 ·

ELS와 랩어카운트는 목돈 굴리는 용도의 대표적인 금융 상품들이다. 투자지만 원금 손실을 일부라도 막고 싶다면 ELS로, 전문가에 의해 제대로 달려보고 싶다면 랩어카운트로 하면 된다. 내 연소득의 2배가 넘는 큰돈이라면 랩어카운트보다 ELS가 마음 편할 수 있다.

ELS, 목돈 투자가 만만해진다

정식 명칭은 EL×다. ELD(주가연계예금)와 ELB(주가연계파생결합채권) 그리고 ELS(주가연계증권)가 있다. 은행에선 투자 원금이 보장되는 ELD를 팔고, 증권사는 ELS까지 모두 판매한다. 일반적인 금융 상품과 달리 3~7일 이내의 한정 기간에만 판매한다. 판매할 때마다 상품 조건들이 달라지니, ELX 특징을 정확히 알고 있어야 한다. 핵심은 기초자산과 수익 지급 조건 등 두 가지다. 가장 흔한 유형 두 가지를 소개한다. 이외에도 꽤 흥미로운 조건의 ELX도 많으니 앱 알림을 이용하거나, 필요할 때 금융회사 홈페이지에 가보자.

1) 원금 보장 되는 ELB(ELD), 초보자에게 안심

만기는 대체로 1년에서 1년6개월 정도다. 수익을 얼마나 줄지에 대한 평가를 만기일에 딱 한 번 한다. 기초자산의 일정 상승분까진 수익을 일부나마 주고, 주가가 하락하더라도 원금 손해는 없다. 얼핏 달콤한 장점 같은데, 과거 통계로 보면 원금만 돌려받은 경우가 매우 많았다고 한다. 1~2년 후에 원금 받을 거였으면 차라리 예금할 걸 그랬나 생각할 수 있지만, 사실은 원금 날릴 뻔한 적도 많았을테니, ELB의 장점을 일부라도 누린 셈이다.

2) 원금 비보장 ELS, 주가가 하락해도 수익을 얻는다.

만기는 대체로 3년 정도다. 수익 지급 조건은 두 가지다. 만기일 평가를 기본으로 하되, 그 이전일지라도 조건이 충족되면 수익을 지급한다. ELS의 최고 매력은 주가가 상승해도, 하락해도 약속한 수익을 준다는 점이다. '일정 범위' 이내 하락일 때까지만 그렇다. 그 이하로 하락하면 마이너스 수익이 된다. 그래서 ELS를 실제로 가입해보면, 1년 안에 조기 상환되면 싱겁지만 2년 넘도록 조기상환 안되면 많이 불안해진다.

EL×는 1~3년, 딱 이 기간에만 목돈 재테크를 하고 싶은 사람들에게 좋다. 주식이나 펀드는 부담스럽고 예금으로 하기에 답답하다면 EL×류가 딱 좋다. 손해 없이 수익만 얻고 싶다면 ELB(또는 ELD)로, 일정 수준 이하로 주가가 떨어지지 않을 거라고 판단되면 ELS를 선택하면 된다.

ELS를 잘 고르고 싶다면 시장 상황과 상품 구조를 보면 된다. 주가가 전보다 많이 낮아진 상황이거나 소소한 등락이 반복되는 박스권 장세가 유리하다. 이와 반대로 주가 고점 상황이거나 경기 불황으로 인해 큰 폭의 하락이 염려되는 시기라면 부담스럽다. 수익 지급 조건이 복잡하지 않고, Knock-in 등 예외 조항이 없는 상품이 초보 시절엔 무난하다.

주의할 점은 3가지다. 첫째, 대부분의 EL×류는 만기 이전에 해약하면 원금 손해를 본다. 심지어 기초자산이 올라가서 수익이 나고 있더라도 중간에 해약하면 원금 손해가 발생한다. 둘째, 발행 금융기관이 파산하면 내 돈을 손해 볼 수 있다. ELD는 예금자 보호가 되니 안심이지만 ELS는 해당 안 된다. 셋째. 잘못하면 중과세된다. 평범한 직장인인데도 ELS에 가입했다가 금융소득종합과세 대상자가 되는 경우가 간혹 있다. 가령, 연환산 15%를 주는 3년 만기 ELS에 5,000만 원 가입 후 만기에 상환되면 45% 수익 2,000만 원이 넘어버린다.

이런 것을 피하고 싶다면, 만기가 연도별로 서로 다른 EL× 상품으로 나눠서 순차적으로 가입하거나, 매달 조건 충족 시 수익을 나눠 받는 월지급식 ELS로 가입하면 된다. 혹시라도 이런 것을 대비 못 했다면, 만기가 되기 전에 가족에게 EL× 상품을 증여해서 금융소득을 분산하면 된다. 물론 증여했던 돈을 다시 가져오면 탈이 난다고 하니 그건 조심하자.

랩어카운트, 목돈을 펀드보다 빠르게

랩어카운트(Wrap Account) 상품은, 주식 직접 투자의 장점과 분산 투자하는 펀드의 장점을 동시에 추구하는 금융 상품이다. 대체로 몇 천만 원 이상 자금으로만 가입 가능하며, 수수료 구조도 꽤 자본주의적이다. 기본 수수료는 낮은 대신에 성과보수 수수료가 별도로 있는 경우도 있다. 목표 수익을 초과할 경우 인센티브를 고객에게 수수료로 더 받는다. 고객 입장에서는 더 높은 수익을 안겨준 분에게 추가 수수료 주는 것을 아까워할 이유는 없다. 그야말로 선수들(?)끼리의 만남이 랩어카운트다. 최근 들어선 가입 금액 500만 원도 받아주는 랩어카운트도 판매되는데, 고전적인 의미의 랩어카운트라기 보단 인덱스형(ETF) 펀드 스타일인 경우가 있으니 운용 방식을 잘 살펴봐야 한다.

주요 특징을 압축해 보면 이렇다.

- **소수 종목 압축 투자**

  일반 펀드는 50~100 종목, 랩어카운트는 3~20 종목에 투자하는 경우가 많다. 덕분에 펀드보다 변동성이 훨씬 높다. 소수 정예로 투자하는 개념이다.

- **투자 비율이 매우 탄력적이다.**

  랩어카운트는 시장 상황에 따라 주식 0%~100%까지 자유롭다. 탄력적인 대응이 가능하니 더 높은 수익을 추구할 수 있지만, 잘못하면 더 높은 손해를 볼 수도 있다.

- **최소 가입 금액, 최소 기간 설정**

  최소 가입금액이 있으며 어떤 상품들은 최소 의무 기간도 있다. 소규모 자금 운용 특성상 자금의 빈번한 입출금은 '펀드 운용 전략'에 큰 지장을 주기 때문이다.

랩어카운트는 주식 투자를 2~3년 이상 해본 재테크 중수급 이상에게 좋다. 나에게 수천만 원 이상의 목돈이 있는데, 주식에 투자하기엔 시간이 없고 일반 펀드로 굴리기엔 느려서 답답하다면 랩어카운트가 딱 좋다. 특히 기존 금융 상품의 밋밋함에 식상한 소비자라면 랩어카운트가 주는 특별함이 의외로 맞을 수도 있다. 한 줄로 표현하자면, 투자가 주는 쓴맛을 몇 번 경험해 본 '투자 근육이 생긴' 사람들에게 딱 맞는다.

랩어카운트는 사모 펀드 특성이 있어서 공개적인 비교가 덜 활발하다. 증권사 지점에 방문해서 PB에게 요청하는 것이 가장 현실적인 정보 수집 방법이다. 참고로 사모 펀드는 50인 미만의 한정된 사람들을 대상으로 하는 펀드다. 우리가 흔히 말하는 펀드(적립식 펀드, 거치식 펀드 등)가 공모 펀드인데, 공모 펀드는 누구나 어디서든 가입할 수 있다. 이에 비해 사모 펀드는 가입에 제한을 둔다.

랩어카운트 고객을 많이 보유한 증권사 지점에 방문하여 PB에게 상담하면 다른 지점에 비해 더 유리할 수 있다. 직접 그리고 많이 경험한 PB와 그렇지 않은 PB의 차이가 크다. 지점의 창구 직원에게 랩어카운트 많이 취급하는 분을 알려 달라고 요청해 보자.

랩어카운트를 고르는 요령은 이렇다. 우선 PB와 만나면 내가 고려하는 투자 자금 규모와 투자 경험을 대화하자. 그가 나를 위해 적절한 수준의 랩어카운트 상품들을 알려줄 것이다. 추천해준 랩 상품이 현재 보유한 종목들을 살펴보고, 운용 매니저의 과거 경력을 PB에게 물어보자. 그 후 받은 자료를 놓고서 상품끼리 동일한 기간을 놓고 비교해 보면 된다. 이때의 비교는 단순히 눈으로 보는 정도다. 내부 속사정까진 알 수 없기에 '동일 기간'으로 놓고 비교한다. PB와 친하다면 운용 매니저 스타일 등 자세한 뒷이야기를 들을 수도 있다.

랩어카운트를 응용하는 방법도 있다. 일반 펀드도 운용보고서를 통해서 확인할 수 있지만, 최소 3개월 이상 지난 자료다. 지금 현재는 어떤 종목인지 알 수 없다. 반면에 랩어카운트에서 고른 주식은 내 주식 계좌에서도 보인다. 언제든 운용 매니저의 '취향'을 언제든 볼 수 있다는 의미다. 마치 주방장의 레시피를 실시간 CCTV로 보는 것과 같다. 요리 솜씨는 그대로 재현하기 어렵지만, 주식 투자는 다르다. '매수, 매도 시점만 다를 뿐' 비슷하게 응용해 볼 수 있다. 이 점을 활용하는 주식 투자족도 있다. 선수들이 고른 종목이니 검토할 가치는 있다고 본다. 현재 투자 시장에서 가장 좋게 보는 분야가 무엇인지 감을 잡아보고, 선수가 선택한 종목들을 내 기준으로 분석해 보자.

반드시 기억할 것이 있다. 베테랑이 운용해도 투자는 투자다. 수익이 날 수도 손해를 볼 수도 있다. 특히 소수 종목에 집중하는지라 시장의 변동보다 더 큰 변동을 겪을 수 있다. 이런 변동성을 내가 감당할 수 있는지 한 번 더 생각해 보자. '이거 하면 좋을까요?' 수준이라면 아직은 랩을 만날 때가 아니다. 최소 3~5년 이상 여유롭게 지켜보자.

특별한 목적일 때
· 청약통장 ·

청약통장은 주택 청약으로 이어지는 시간이 길어지면 돈 낭비하는 적금이 된다. 낮은 금리와 물가 때문이다. 아무 생각 없이 납입했다가, 내 상황과 맞지 않아 애물단지가 되지 않도록 제대로 알고 가입하자. 잘 활용하면 올라버린 주거 시장에서 나를 구해준다.

청약통장, 내 집 마련과 희망 고문의 중간

주택을 추첨하는 청약 권리를 얻기 위해서 낮은 이자를 주는데도 가입한다. 주거자금 해결이 버거운 신혼부부, 다자녀가구, 사회 취약 계층이라면 필수다. 각 분야별 특별공급 등 형태가 다양해서인지 나의 상황별 청약전략'이라는 새로운 공부거리가 생겼다. 무주택 기간은 공통 변수, 민영주택은 거주지역/ 가입 기간/ 납입 금액/ 청약점수/ 세대주, 공공주택이라면 거주지역/ 납입 인정 횟수/ 납입 인정 금액/ 세대주가 청약 성공하는데 변수들이다. 만약 공공임대주택을 원한다면 여기에 나이/ 소득/ 부양가족 등이 추가된다.

1) 민영주택 청약 코스

흔히 말하는 민영주택, 브랜드 아파트다. 6~24개월 이상 청약통장에 가입 후 청약 전까지 필요금액을 채우면 누구나 1순위가 된다. 서울 기준 24개월에 300만 원이다. 다만 이런 사람들이 전국적으로 1천만 명이다. 결국 모두가 탐내는 아파트는 '추첨제'와 '가점제'로 승부가 난다. 추첨제는 동일한 1순위 중에서 선발하니 뽑기 운으로, 가점제는 거주지역/ 가입 기간/ 납입 금액은 기본, '청약점수'로 결정된다. 총 84점 만점인데 무주택 기간(~15년, 최고 32점), 부양 가족(~6명, 최고 35점), 가입 기간(~15년, 최고 17점)을 합한 점수다.

우선 나의 예상되는 청약점수를 계산해 보자. 이 점수로 내가 원하는 지역에 민영주택 가점제로 도전할 경쟁력이 있는지 판단하자. 서울 기준으로 2020년 호황기에는 70점대가 넘었고, 기존엔 60점 아래 또는 근처 수준이었다고 하니 참고하자.

2) 국민주택 청약 코스

공공주택으로도 부른다. 주변 아파트보다 20% 이상 저렴하니 경쟁이 더욱 치열하다. 3년 이상 무주택은 기본, 청약할 면적별로 자격 판단 기준이 달라진다. 납입 인정횟수와 납입 총액 중 하나를 본다. 1~2인 거주하기에 좋은 전용면적 40m² 이하 국민주택의 경우, 청약자들의 '납입 인정 횟수'를 본다. 인정횟수에 들어가는 조건은 매월 2만 원 이상 납입부터다. 혹시 50만 원을 넣어도 1회로 카운팅 되는 건 똑같다. 더 넓은 전용면적 40m² 초과 국민주택을 원한다면 이때는 '납입 인정 금액'이 클수록 유리하다. 납입 인정 금액은 10만 원이 한도다. 매월 50만 원을 납입해도 10만 원만 누적 인정된다. 참고로 서울 기준 전용면적 40m² 초과 공공주택에 당첨되려면 납입 인정금액으로 1,800만 원, 기간으로 환산하면 180개월 이상이었다고 한다. 이건 선호/비선호 단지에 따라 달라진다.

　1,000만 원 넘게 채워진 청약통장 중에 애물단지가 많다. 무계획적으로 입금한 탓이다. 이걸 피하고 싶다면 납입 방식을 미리 정하고 출발하자. 나의 자금, 그에 맞는 주거 형태와 예산, 예상 청약점수를 고려해서 다음 1~4번 중 하나로 달리면 된다.
　① 자금 여유가 있어서 일반 매매로 주택을 마련할 거라면, 청약통장 가입해서 소득공제라도 챙기고 5년 후 해약
　② 저렴하게 민영주택에 청약하려면, 일찌감치 개설 후 청약 전에 필요금액을 채우자. 인기 단지라면 '청약점수'도 계산
　③ 더 저렴한 전용 40m² 초과 국민주택 청약(2~3인 가구)하려면, 매달 10만 원씩 고정 납입(납입 인정 금액 늘리기)

④ 더 저렴하게 전용 40m² 이하 국민주택 청약(1~2인 가구)하려면, 매달 2만 원씩 고정 납입(납입 인정 기간 늘리기)

혹시나 해서 하는 말인데, 지금 현재 상황으론 4번도 어림없다고 생각된다면 희망을 가지자. 직업, 소득, 환경은 수시로 변한다. 빈 텅 장⑦ 신세였던 독자가 6년 후인 지금 글로벌하게 다니고 있다. 일단 4번을 선택해서 최소한의 기회를 확보하자. 싱글일지라도 일찍 청약 통장 가입하고 세대주로 분리하면 나이 30대에 청약점수 50점대 까지 갈 수 있다.

가야 할 방향이 정해졌다면, 조금이라도 더 높은 이자를 챙기고 소득공제까지 챙기면 끝난다. '소득 7,000만 원 이하 + 무주택 +근로자' 모두 충족하면 연간 300만 원 입금까지 40%를 소득에서 공제해준다. 대략 '10%대 이자 +청약통장 이자' 효과다. 조건 된다면 청년우대형으로 가입해서 이자 더 받고 조금이라도 비과세 챙기자.

혹시 어린 자녀의 청약 가점을 높이기 위해 가입해주고 싶다면 14~17세가 최적 시점이니 알아 두자. 일찍 가입해줘도 성인(19세) 되기 전 '납입 인정'되는 기간이 제한되어 있기 때문이다. 다만 위에서 언급한 것처럼 자녀가 민영주택과 공공주택(40m² 이하 또는 초과) 어느 쪽으로 갈지 객관적으로 판단해서, 해당 전략에 맞게 납입해야 한다. 안 그러면 자녀가 위 애물단지 청약통장 고민을 경험하게 된다.

5장

연금.ZIP

"
벚꽃연금,
캐롤연금 나도 만들자
"

지금은 120세 시대

매년 봄이면 찾아오는 노래 벚꽃엔딩, 겨울을 더욱 설레게 하는 캐롤송 'All I want for christmas is you'. 장범준과 머라이어 캐리라는 주인공보다 연금 노래로 더 많이 알려져 있다. 해마다 저작권료로 10억 가까이 들어온단다. 머라이어 캐리는 30년 가까이 이렇게 받고 있다. 정말 부럽다.

내가 할 수 있는 범위 내에서, 직장에 나가지 않아도 내 통장에 자동으로 돈이 들어오는 것을 만들어 보자. 평생 돈이 나오는 나만의 월급 시스템을 만드는 것이다. 너무 먼 미래인 노후 대비로 생각하기보다 벚꽃 연금 만들기, 마르지 않는 나만의 샘물 만들기로 생각하면 더 기분 좋다. 월요병 현실을 벗어나는데 이만한 로망은 없으니까.

미래에셋 투자와 연금센터에서 발표한 〈2021 대한민국 직장인연금이해력 측정 및 분석〉보고서에 따르면 30~50대 직장인의 연금 이해력 점수는 47.6점이었다고 한다. 돈을 많이 모으기만 하면 노후 대비가 해결되는 것으로 오해하는 경우가 대부분이다. 조기 퇴직을 꿈꾸는 파이어족이나 적극적인 재테크족 중에 이런 사람들이 많다. 돈을 많이 모으는 것과 나만의 연금을 만드는 것은 별개다. 자산 특성이 완전히 다르기 때문이다.

평생월급을 만드는 9가지 아이템

항목	내용	개시 나이
★공적연금	국민연금, 직역연금(공무원,군인 등)	60~65세
☆퇴직연금	DB형, DC형 등	55세~
☆IRP	개인형 퇴직연금	
☆연금저축	연금저축(2001년 이전, 이후 다름)	
★개인연금보험	보험사 판매, 개인이 가입	45세~
★주택연금	역모기지론 형태	55세~
월세부동산	오피스텔, 상가, 사무실 등	해당 없음
가족법인/신탁	자산가에게 필요	
기초연금	하위 소득 70%를 위한 복지성 연금	65세~

★항목은 평생 주는 진짜 연금, ☆항목은 지정된 기간만 주는 '연금 효과 방식'이다. 이중에서 지금 나는 어떤 항목들에 관심이 가는지 잠시 생각해 보자. 그리고 나는 어느 정도의 평생월급을 만들고 싶은가? 미래의 나를 위해 지금의 내가 알아야 할 연금 공부를 해보자.

연금 기초 상식

평생 받는 진짜 연금, 평생연금 3총사

국민연금, 주택연금, 개인연금보험을 합해서 필자는 평생연금 3총사로 부른다. 이들은 평생 내게 돈을 준다. 그러니 완벽한 '진짜 연금'이다. 다른 자산들은 나보다 먼저 사라질 수도 있지만, 평생연금 3총사는 나보다 먼저 사라지지 않는다. 다만 내가 사망하면 국민연금과 개인연금 자산은 전부 사라진다. 그나마 주택연금은 남은 돈이 있다면 유족에게 지급하겠지만, 추억이 담긴 주택은 주택금융공사가 공매 처분한다. 소멸되거나 집이 없어지면 유족 입장에선 싫겠지만, 연금 자산은 '오직 나를 위해서' 그렇게 하는 것이니, 솔직히 나로선 나쁠 건 없다. 가장 이기적이고 가장 착한 자산, 그게 평생연금 3총사다.

한정된 기간만 받는 유사 연금, 연금계좌 3총사

퇴직연금, IRP, 연금저축을 합해서 필자는 연금계좌 3총사로 부른다. 55세부터 지정된 시점까지 한정된 기간만 돈을 받는다. 대체로 국가 주도형 금융 상품이다. 이 중에서 퇴직연금은 내게 줄 퇴직금을 사장님 통장이 아닌 제3자인 금융기관에 맡기는 방식으로 이해하면 쉽다. 회사가 망해도 내 돈, 퇴직금은 안전하다. 내가 재테크 할 수 있는 것들은 'DC형 퇴직연금, 퇴직금 수령용 IRP, 소득공제용 IRP 그리고 연금저축' 등이다. 참고로 직장인 자산 규모 1위가 주거자금, 2위가 퇴직연금이다. 그러니 DC형 퇴직연금에 가입되어 있다면 조금만 더 신경 쓰자.

개인연금, 개인연금저축 - 비슷한 듯 다른 듯

개인연금보험, 개인연금, 개인연금저축, 연금저축…. 헷갈린다. 그동안 세제 개편이 되면서 수많은 연금 이름이 계획 없이 남용된 부작용이다. 연말정산에 해당하는지 그렇지 않은지 정도로 구분하면 이해가 쉽다. 연말정산에 해당 되면 '연금저축'으로 부르고 연말정산에는 해당 되지 않지만, 평생 비과세를 받으면 '개인연금보험'으로 부르면 된다. 개인연금보험은 생명보험사에서만 판매한다. 손해보험사, 화재보험사에서 판매하는 연금은 연말정산용 '연금저축'이다.

장기간 재테크의 숙제 - 물가, 세금, 수수료

3~5년 이내 단기간의 재테크에선 이런 것들을 최우선으로 고려하지 않아도 된다. 시장 변화, 수익 등락, 투자 대상 변화 등 다른 변수가 더 큰 영향을 주기 때문이다. 하지만 연금 상품처럼 20~30년 이상 장기간에 걸쳐 큰돈을 모으고, 다시 30~40년간 돈을 나눠서 받는 경우라면 이야기가 달라진다. 이 기간에 영향을 주는 대표적인 것들은 3가지다. 물가로 인한 돈 가치 하락, 수익에 대한 세금, 누적되는 수수료. 장기간 재테크는 이 3가지를 줄이는 방법으로 골라야 한다. 적어도 수백~수천만 원까지 차이를 낸다.

예) 매월 50만 원씩 30년간 연복리 3% 재테크 (물가 상승률 3% 가정)

30년 후 약 2억 9,000만 원을 모은다. 꽤 큰돈이지만 실제 돈은 늘어나지 않았다. 매년 3% 수익으로 늘어났지만 3% 물가로 인해 그만큼의 화폐가치가 감소했기 때문이다. 결국 제자리걸음이다. 그런데 눈에 보이는 돈의 숫자는 늘어났다. 결국 수익금 1억 1,000만 원에 대해서 세금을 내야 하고 2,000만 원을 초과했으니 종합소득세를 더 내야 한다. 늘어난 돈도 없는데 이중으로 세금을 내니 결국 마이너스 운용인 셈이다.

연금 자산과 일반 자산은 다른 특성이다

세 가지 차이점이 있다. 첫째, 주식과 부동산 등 일반적인 자산은 나보다 먼저 없어질 수 있다. 반면에 연금자산은 나보다 먼저 사라지지 않는다. 둘째, 일반 자산은 내가 정신적, 육체적으로 건강해야 유지된다. 오히려 재산 때문에 목숨에 지장을 받을 수도 있다. 반면에 연금 자산은 이와 무관하다. 셋째, 일반적인 자산은 시간이 갈수록 줄어든다. 재테크 잘하면 늘어나겠지만, 정신적/육체적 건강이 유지되어야 한다. 연금 자산은 시간이 갈수록 연금이 지급되니 자산이 조금씩 계속 늘어난다. 심리적 장점도 있다. 줄어드는 통장 잔고를 고민하지 않아도 된다.

결혼족 VS 싱글족, 누가 나을까?

결혼한 부부는 독박 노후를 대비해야 한다. 흔히 싱글족에 비해 결혼족의 노후 준비가 더 유리할 것이라 생각하는데 노후 대비에서는 거의 비슷하다. 결혼족의 경우 남편과 아내가 서로 보호자 역할을 한다. 그러나 그건 먼저 세상을 떠난 사람만 누리는 특혜다. 마지막에 남는 사람은 본인 간병과 장례식 모두 스스로 해결해야 한다. 일종의 독박 노후다. 부부라는 이유로 방심하지 말고 '나만 홀로 남은 상황'을 기준으로 노후 준비를 해야 한다.

연금계좌 3총사 ①
· DC형 퇴직연금, 가장 큰 내 돈 ·

　나에게 줄 퇴직금을 우리 회사 사장님이 아닌 외부 금융기관에 맡기는 제도가 퇴직연금이다. 이 돈에 대한 재테크를 회사가 하면 DB형, 내가 하면 DC형이다. 이 중에서 DB형은 내 돈이 아니라 회사 돈이다. 잘 굴려서 엄청난 수익이 나더라도 나랑 무관하다. 규정된 기준에 따라 정해진 퇴직금만 준다. 반면에 DC형은 회사가 '퇴직금 중간정산' 방식으로, 매달 또는 매년마다 나의 DC형 계좌로 입금해준다. 회사가 나에게 줄 퇴직금을 지급 완료했으니, 이 돈은 회사 돈이 아니라 내 돈이다. 퇴직연금의 중요성이 피부로 느껴지지 않는다는 분들이라면, 이제부터 그냥 '내 돈'이라고 부르자. 실제로 내 돈 맞다.

　내가 원하면 언제든 퇴직연금사업자 추가를 요청할 수 있다는 것부터 배워두자. 퇴직금, 퇴직연금 이러다 보니 회사 돈으로 생각하는 것도 한몫한다고 본다. 이걸 요청해야 하는 시기는 이렇다. 가령 금융 회사가 '궁금하시면 언제든 물어보세요'라고 해놓고, 막상 내가 도움 받으려면 "퇴직연금제도는 근로자의·· DB형과 DC형이 있는데….." 등 기계적 챗봇 응답만 하는 경우다. 이럴 때 새로운 퇴직연금사업자를 추가해달라고 우리 회사 담당자에게 요청하자. 내가 원하는 금융 회사가 있다면, 그 회사의 퇴직연금모집인 또는 연금사업부에 전화해서 "우리 회사에게 퇴직연금을 제안해 달라" 요청해도 된다.

이렇게 요청하려면, 금융회사가 퇴직연금 관련해서 무엇을 나에게 해줄 수 있는지, 어떤 것을 기준으로 골라야 하는지 알아야 한다. 아래 내용을 기준으로 검토해 보자.

- 다양한 경기 상황에 맞는 포트폴리오를 구성하기 좋도록 펀드/ ETF/ 예금 등 라인업이 풍부한 금융회사가 좋다.

- 앱과 홈페이지 같은 전산시스템이 직관적이고 간편해야 한다. 이게 돼야 재테크에 더 관심을 가질 수 있다.

- 저렴한 수수료, 대출 혜택, 재테크 정보 제공 등이 있는지 확인해 보자. 퇴직연금 사업제안서에 나와 있다.

- 퇴직연금모집인이 있다면 더욱 좋다. 개인별로 퇴직연금 상담을 해주기도 한다. 챗봇 응답보단 나을 것 같다.

만족스러운 퇴직연금사업자가 있다면, 이제 나의 미션은 딱 하나다. 좋은 펀드를 골라서 재테크하는 것. 이런 재테크를 할 때, 간혹 어떤 분들은 DC형 퇴직연금에 있는 '안전자산 30% 이상 의무 비율'을 불편해하는 분들이 있다. 포트폴리오 차원에서 보자면 이건 오히려 장점이다. 변동성이 높은 재테크로 집중하는 건, 나의 자산 중에서 두 번째로 큰 규모의 돈 관리로는 적절하지 않다.

가장 추천할만한 방식은 개별 펀드가 아닌 밸런스로 하는 테크닉이다. '안전자산 vs 투자자산'으로 구분하고, 경기 변화에 따라 7:3 또는 4:6 비율로 조절하는 방식이다. 경기 흐름이 큰 이슈 없이 무난한 경우라면 4:6으로 한다. 안전자산 40% 비중, 적극적인 투자 자산 60% 비중이다. 안전자산 40%에는 예금/ 골드/ 채권형 펀드 등에서 원하는 걸로 고르고, 나머지 60%에는 주식형/ 주식혼합형/ 원자재 펀드 또는 특정 산업/ 섹터별 ETF 등에서 고른다. 경기 흐름이 바뀌면 펀드는 그대로 둔 채, 비중만 조절하면 된다. 한 번 고른 펀드를 계속 유지하는 것이 관건이다. 단지 비중만 변화시킨다.

그럼에도 불구하고 주식 등 적극적 투자로 굴려보고 싶다면 TDF가 대안이다. TDF는 Target Dated Fund, 최종 시점을 정해서 안전자산 비중을 높여가는 펀드다. 처음에는 주식 비중을 70~80% 이상으로 시작해서 약속한 시점에 도달할 때까지 안전자산 비중을 높여간다. 가령 TDF○○2045라는 펀드가 있다면, 2045년까지 채권형 비중을 90% 이상으로 높여간다. 주식 투자 비중이 60% 이내여야 하는 DC형 퇴직연금의 한계를 잠시나마 70~80%까지 높여볼 수 있다. 알아서 비중을 조절하니깐 귀차니즘족과 초보 재테크족에게도 괜찮다.

주의할 것이 있다. DC형 퇴직연금을 관리할 땐 예금상품을 3~5년 이상 유지하는 건 조심해야 한다. 계좌 잔고의 숫자만 늘어날 뿐 돈의 가치는 물가 때문에 하락한다. 그럼에도 불구하고 예금상품 비중을 높여야 하는 경우는 대략 3가지다. 경기가 정점을 지나서 향후 시장 하락이 예상될 때, 경기 침체가 고착화될 때, 나의 퇴직이 임박했을 때다.

일에 치이다 보면 하위 상품의 만기를 잊고 지나갈 때가 있다. 금융회사가 친절하게 문자로 보내주지만, DC형 퇴직연금 메뉴가 그다지 편리하지 않다면 즉시 대처가 어렵다. 이럴 때 디폴트 옵션이 좋다. 디폴트 옵션은 내가 미리 지정해둔 상품이나 방법으로 자동 투자되게 하는 기능이다. 친절한 금융회사는 고위험, 중위험, 저위험 이런 식으로 알기 쉽게 카테고리로 설정해 놓으니 입맛에 맞는 설정값이 있는지 살펴보고 반드시 설정해 놓자.

연말정산 공제를 받고 싶다면, 연금저축이나 IRP처럼, DC형 퇴직연금에 내 돈을 추납해도 된다. 다만 이렇게 추납한 돈만 따로 인출할 수 없다. 퇴사할 때 퇴직금과 함께 찾을 수 있는데, 추납했던 시기에 따라 세금이 달라진다. 2012년까지 추납한 것은 퇴직소득세 방식으로, 2013년부터 추납한 것은 기타소득세 방식으로 낸다. 대체로 퇴직소득세 방식이 유리하다. 근속기간 등 공제가 있어서 세율이 낮아지기 때문이다. 2012년까지 DC형에 추납해서 연말정산 혜택을 챙겼던 독자라면 세테크 관점에선 탁월한 선택을 한 셈이다.

그렇다면 이런 퇴직연금은 어떻게 받게 될까? 내가 퇴사하기로 결정하면 담당자가 IRP 계좌를 만들라고 할 것이다. IRP를 개설할 때 창구 직원에게 둘 중 하나를 알려주자. 30일 이내에 IRP를 해약할 건지, IRP에 퇴직금을 그대로 유지한 채 계속 운용하면서 갈 건지. 이런 IRP 계좌로 입금받은 퇴직금은 연말정산 세액공제와 무관하지만, 계속 갖고 가면 혜택이 있다. 55세부터 10년 이상 연금 형식으로 수령하면 내야 할 퇴직소득세를 30%~40% 깎아준다. 다만 실제 현실에선 이렇게 잘게 쪼개서 받는 것이 이득일지 의문이 있긴 하다. 가령 1억 퇴직금에 6% 세금이라면, 10년 이상으로 나눠서 받는 대가로 연간 18만 원 절세와 쪼개진 돈이다. 1장에서 언급한 목돈의 위력을 쪼개버리는 것이다. 퇴직소득세를 다 내더라도 9,400만 원을 어딘가에 사용할 기회를 잡는 것이 나을 수도 있다.

연금계좌 3총사 ②

· IRP는 다중이 ·

IRP는 퇴직금 수령용과 개인 세액공제용, 두 가지 용도가 있다. 활용 방법과 적용 세금이 다른데 IRP라는 같은 이름을 쓰다 보니 언론에서도 혼란스럽게 사용된다. 혼선 방지를 위해 이 장에서는 '세액공제용 IRP' 기준으로 설명한다.

IRP는 은행, 증권사, 보험사에 소득 입증 서류를 제출하고 개설할 수 있다. 1개 금융회사당 오직 1개의 세액공제용 IRP 계좌만 개설할 수 있으며 따로 정해진 만기는 없다. 계좌 개설 후 원하는 펀드를 골라서 재테크 하다가 필요할 때 해약하거나, 55세부터 10년 이상 기간에 걸쳐 연금 형태로 받으면서 절세 혜택을 누린다.

IRP의 장점 중 하나가 예금을 선택할 수 있다는 점이다. 특히 포트폴리오 차원에서 꽤 쓸 만하다. 예를 들어 주식과 채권은 반대로 움직이니까 주식이 내려가면 채권을 매수하라고 하지만, 어떤 경우엔 주식과 채권이 동시에 하락하기도 한다. 이런 경우 IRP의 예금상품이 진짜로 안전한 피난처 역할을 해준다.

이런 IRP는 각각의 경우와 자금 특성에 따라 세금이 달라진다. 연간 1,800만 원까지 입금할 수 있고, 최대 900만 원 한도로 일정 비율로 계산해서 세액공제 혜택을 받는다. 세액공제 받지 않은 불입금이 있다면, 다음해 이후 언제든 내가 원하는 해에 세액공제 신청할 수 있다. 이런 세액공제 혜택은 나의 소득 크기에 따라 달라진다. 소득 기준점은 직장인은 5,500만 원, 개인사업자는 4,500만 원이다. 그 이하라면 16.5%를 초과라면 13.2% 세액공제를 받는다.

참고로 세액공제 방식은 내가 내야 할 소득세가 있어야 효과를 본다. 가령, 내야 할 세금이 있는 연봉 3,600만 원 직장인이 IRP에 100만 원 입금했다면 16.5%인 16만 5,000원을 세금에서 깎아준다. 하지만 내야 할 세금이 없었다면 IRP 세액공제 신청은 의미가 없다. 이렇게 내야 했었던 세금이 아예 없거나 세액공제 신청하려는 금액보다 낮다면, 이번 해엔 신청하지 말고 다음 해에 신청하자.

그럼 IRP는 누구에게 좋을까? 직장인, 개인사업자 모두 소득 기준점 이하라면 무조건 좋다. 세액공제로 16.5% 혜택, 중도 해약 시 페널티도 16.5%이니 손해 볼 거 없기 때문이다. 그 외엔 55세 이후에 연금으로 받으면서 저율 과세를 받으려는 사람들, 금소세로 인한 각종 부담 증가를 염려하는 사람들에게 좋다.

IRP는 계좌형 금융 상품이니, 계좌에 가입하는 단계와 하위 상품을 고르는 두 가지 단계를 거치면서 가입한다. 반드시 여러 금융회사 홈페이지에 방문해서 하위 금융 상품들이 얼마나 다양하며 편리한지 비교 후 정하자. 재테크용 CMA통장으로 쓰고 있는 증권사에서 개설하는 것을 추천한다. CMA, ISA, IRP를 한 번에 관리하기 편하기 때문이다.

참고로 IRP는 펀드에 투자하지 않고 계좌에 돈을 놓기만 해도 수수료를 낸다. 운용관리, 자산관리 수수료 등이 있다. 통합연금포털에서 금융회사별 수수료를 비교할 수 있다. 이런 것까지 수수료를 받나 싶다. 하지만 펀드 수수료까지 포함해보면, CMA에서 선택하는 일반 펀드에 비해 총 수수료가 비슷하거나 오히려 낮으니 안심하자.

IRP를 개설했다면 그동안 배워왔던 펀드 고르기를 하면 된다. 금융회사 홈페이지에서, 내가 선택 가능한 펀드 목록을 볼 수 있다. 펀드의 기간별 수익률과 각종 벤치마킹용 지수와 비교, 순자산액 증감 추세를 검토한 후 최종적으로 결정하면 된다.

만약 언제든 해약하면 내 돈의 16.5%를 기타소득세로 내고 찾는다. 일종의 페널티다. 내 돈, 즉 원금이 왜 과세 대상인가 싶겠지만, 세액공제 신청하지 않았던 돈은 그대로 돌려주니 안심하자. 그동안 늘어난 수익금과 세액공제 신청했던 돈만 페널티를 준다.

세액공제를 위한 기준점 이상의 소득자 중에서, 나중에 연금으로 잘게 쪼개서 받을 생각이 없는 직장인/개인사업자는 세액공제 신청을 안 하는 것도 고려해 보자. 세액공제로 얻는 이익은 13.2%, 차후에 해약하면 16.5% 페널티를 물어야 하니 손해가 좀 있다. 내가 나중에 연금으로 받을지 중간에 해약해서 집을 살지 모르겠다면 일단 세액 공제 신청을 미루자. 신청 안 한 것은 나중에 언제든 세액공제 신청을 하면 된다.

퇴사 후 퇴직금 전용 IRP가 아니라 나의 세액공제용 IRP로 퇴직 금을 받을 땐 신중해야 한다. 통합해서 관리하면 편하긴 한데, 중간에 해약해야 한다면 퇴직금 또는 내 돈만 지정해서 꺼낼 수 없기 때문이 다. IRP는 무주택자의 주택구입/임차보증금, 본인과 가족의 6개월 이 상 요양 등 특수한 경우 이외엔 부분 해약이 안 된다. 전액 해약하면 그동안 세액공제 받았던 내 돈도 강제 해약되면서 공제받았던 돈과 수익에 대해 16.5% 기타소득세를 내야 한다. 그러니 그대로 통합해 서 계속 재테크를 하다가 55세부터 연금으로 받을 게 아니라면 퇴직 금은 퇴직금용 IRP를 만들어서 따로 받자.

이런 IRP의 각종 제한이 불편하다면, 세액공제 신청이 목적이라 면, 다음 편에 소개할 연금저축계좌를 먼저 개설해서 활용하면 좋다. 세액공제나 해외 펀드 과세 이연 효과는 IRP나 연금저축계좌 모두 동 일하다. 그러니 연금저축계좌를 먼저 활용한 후, 세액공제 한도를 더 늘리고 싶거나 예금상품이 그리울 때, 퇴직금을 받고 싶을 때 IRP를 사용하자.

만약 퇴직 후 연금으로 받을 목적이라면 미리 개설해 두자. IRP는 가입 후 5년 이상 경과되어야 55세부터 연금으로 신청할 수 있기 때 문이다. 그러니 지금 당장은 IRP가 필요하지 않더라도 일단 개설해

두자. 의무 기간은 한국인에겐 참기 힘든 벽이다.

　끝으로 세금으로 마무리한다. IRP는 55세 이후 언제든 연금 신청할 때, 10년 이상의 기간에 걸쳐 받으면 자금 원천에 따라 내야 할 세금이 달라진다. 다음 편에 소개하는 연금저축과 합산해서 적용하니 아래 표를 참고하자.

자금 원천		연금 수령 시	비고
늘어난 모든 수익금		5.5~3.3%	연간 1,500만 원 초과 시 16.5%와 종합과세 택 1
내 돈	공제받은 것	5.5~3.3%	
	공제 안 한 것	세금 X	

연금계좌 3총사 ③
· 연금저축, 가장 소프트한 매력 ·

IRP와 대부분 비슷하고 몇 가지만 다르다. 0세 이상이면 누구나 소득이 없어도 동일 금융회사일지라도 2개 이상 무제한 개설할 수 있고, 돈이 필요하면 부분 해약도 된다. 게다가 계좌 유지비도 없고 안전자산 의무 비율도 없으니 그야말로 탄력적이다. 그 외의 나머지는 거의 비슷하다.

가령 세금의 경우 세액공제 한도만 600만 원으로 낮을 뿐 나머진 같다. 직장인은 5,500만 원 개인사업자는 4,500만 원을 소득 기준점으로 하여, 그 이하는 16.5% 초과는 13.2% 세액공제, 향후 해약할 때 페널티, 연금으로 받을 때 혜택 등은 IRP와 동일하다.

혹시 세액공제 한도를 늘려보려고, IRP에 900만 원 연금저축에 600만 원으로 납입해도, 양쪽을 합산해서 900만 원까지만 세액공제를 해준다. 이런 합산 방식은 연간 납입 한도액 1,800만 원도 같은 방식으로 규제한다. 어느 쪽에 납입하든 합계 1,800만 원까지만 입금된다. 또한 55세 이후에 연금으로 받을 때 낼 세금도 양쪽을 합산한 후 부과한다.

우선 2개 이상 개설할 수 있는 점을 활용해 보자. 세액공제 목적인 것, 세액공제를 할지 말지 미정인 것, 아예 세액공제 받지 않는 것 등 3개를 개설하자. 돈 쓸 일이 생기면 페널티가 적은 후자부터 정리하면 된다. 연금저축 계좌에 '세액공제용', '애매한 용도', '투자전용' 이런 식으로 닉네임을 붙여서 관리하면 편하다.

나중에 해약할 때 통합정산 후 세금을 내는 것도 활용해 보자. 위 '투자전용'에서 응용하면 매번 내야 할 세금마저도 재투자하는 장점을 극대화할 수 있다. 가령 CMA에서 가입한 펀드로 수익이 나면 매번 15.4% 세금을, 연금계좌는 통합 정산해서 16.5% 세금을 낸다. 얼핏 1%P 더 내는 것 같지만, 손익을 통합 정산하는 특성 덕분에 실제론 이득이 되는 경우가 더 많다. A펀드로 1,000만 원 수익, B펀드로 1,000만 원 손실 내는 것을 가정해보면 이해가 쉽다. CMA에선 154만 원 세금, 연금저축에선 0원이다. IRP도 이렇게 응용할 수 있겠지만, 같은 금융회사에선 못 만들 뿐만 아니라 해약할 땐 통째로 해약해야 하니 연금저축이 편하다.

주식 시장 폭락을 이용한 테크닉도 있다. 연금저축보험에 있는 돈을 증권사로 옮겨서 펀드 등으로 투자하고 싶을 재테크족에게 해당된다. 이왕 옮기는 거라면 주가가 낮을 때 옮겨야, 다시 말해서 주가가 낮을 때 투자해야 유리하다. 코로나19로 주가가 폭락했었던 2020년 3월 같은 시기라면 아주 좋다. 급락한 시장은 언젠가 또는 조만간 원 위치로 회복한다는 주식 시장 격언을 응용하는 셈이다. 물론 투자는 변수가 많으니 다른 점도 고려하자.

연금저축과 IRP로 모아진 돈을 연금으로 받을 땐 각종 세법으로 머리가 아프다. 이게 싫은 귀차니즘족이라면 딱 두 가지만 기억하자. 첫째, 매년 합산 1,500만 원 이하로 수령하자. 둘째, 2013년 3월 이후에 가입한 건 10년 이상, 그 이전이라면 5년 이상으로 나눠서 수령하자. 이렇게 하면 5.5~3.3% 저율과세 혜택을 받는다. 참고로 위 기간은 '내가 연금으로 달라고 요청한 때'부터 10년 또는 5년이 아니다. 그냥 55세만 넘으면 자동으로 줄어든다. 예를 들어 2015년에 가입한 연금계좌로 58세부터 연금을 받으면, 55세부터 3년 지났으니, 7년 이상으로 받아도 저율과세를 해준다.

IRP와 연금저축에서 자주 궁금해 하는 항목들을 비교하면 이렇다. 자세한 설명은 생략한다.

비교항목		IRP	연금저축
퇴직금 수령 가능		O	×*
가입 자격		소득 증빙	누구나
통장개설 금융회사		회사별 1개	무제한
연간 납입 한도		합산 1,800만 원	
연간 공제 한도		900만 원	600만 원
		합산 900만 원	
해약 방식		전체해약**	일부/전체
해약 시 세금 16.5%		늘어난 수익금, 세액공제 신청했던 원금	
금융 상품 선택	예금, ELD	O	×
	MMF, 리츠	O	O
	국내 상장 펀드	O	O
	선물 ETF	×	O
	국내 상장 ETF	O	O
상품 선택 의무		안전 자산 30%~	의무 없음

평생연금 3총사 ①
· 국민연금, 그래도 믿을 수밖에 ·

국민연금은 소득이 있다면 생일 기준으로 18세 이상 60세 미만까지는 의무가입이다. 10년 이상 납입하면 해외로 이민 가더라도 연금을 받을 수 있고, 물가가 오르더라도 매년 올려서 반영해주는 장점이 있다. 다만 이대로 가면 2054~2057년에 완전 고갈된다. 이를 해결하려고 공단에서는 1988년 이후 '소득대체율' 부분을 계속 낮춰서, 같은 돈을 내더라도 더 적은 연금을 받게 했다. 조만간 보험료도 현행 9%에서 더 인상할 것으로 예상된다.

그러나 어떤 식으로 변경되더라도 소득 재분배 목적은 그대로 갈 것으로 보인다. 소득이 전체 평균 소득보다 낮다면 조금은 안심해도 된다는 의미다. 한 신문기사에 의하면, 같은 3,240만 원일지라도 매달 9만 원을 30년간 납입하면 53만 7,000원 정도, 27만 원을 10년간 납입하면 28만 6,000원 정도를 연금으로 평생 받는다고 한다.

우리가 흔히 부르는 국민연금은 노령연금, 출생 연도에 따라 연금 개시 시점이 달라진다. 가령 1968년 7월 출생인 경우, 64세가 되는 2032년 8월부터 노령연금을 받을 수 있다. 다만 연금 개시 후에 사업소득, 근로소득, 임대소득 등 세 가지가 일정 기준 이상 있다면, 내가 받는 연금을 최대 50%까지 '노령연금 개시 연령 + 5년' 이내일 때만 감액한다. 소득 기준은 매년 상향되고 있고 2022년 기준으로 월 286만 원 정도였다. 총소득이 아니라 '소득공제'를 한 후의 소득액을 기준으로 하니 실제 연봉으로 환산하면 이보단 좀 더 높다.

분할연금도 최근 들어 이슈다. 이건 이혼한 사람만 해당된다. 과거 혼인 기간 중에 배우자가 국민연금 보험료를 5년 이상 냈다면 내가 국민연금을 받기 시작할 때부터 분할연금을 신청할 수 있다. 혼인 기간 중에 납입했던 돈과 해당 기간만큼의 1/2을 받는다. 하지만 이혼한 후에 과거에 안 냈던 부분을 예전 배우자가 추납한 거라면 그건 제외다.

유족연금도 이슈다. 고인이 받던 국민연금액을 '국민연금 가입 기간'에 따라 10년 미만 40%, 20년 미만 50%, 20년 이상 60%를 유족에게 지급한다. 이렇게 보면 좋은데, 배우자인 내가 국민연금을 받고 있을 때가 골치 아프다. 유족연금과 나의 연금 중에 1개만 선택해야 하기 때문이다.

예를 들어 나는 70만 원, 배우자는 120만 원을 받던 중 배우자가 사망했다고 하자. 고인의 가입 기간을 15년으로 가정하면 20년 미만에 해당하니 50%를 적용받아 유족연금액은 60만 원이 된다. 반면에 유족연금을 포기하면 내 연금 70만 원과 '유족연금액 60만 원의 30%인 18만 원'을 합해서 총 78만 원을 받는다. 배우자의 120만 원이 날아가고 18만 원만 남는지라 많이 억울하다. 게다가 혹시라도 재혼하게 되면 유족연금은 소멸된다.

그렇다면 어떻게 하면 국민연금 수령액을 늘려볼 수 있을까? 국민연금은 10년 미만으로 납입하면 연금으로 안 주고 일시금으로 정산해버린다. 매우 낮은 이자율로 계산하므로 엄청난 손해다. 이럴 땐 임의가입, 임의계속가입을 활용하자. 한때 강남 사모님들의 노하우로 알려졌다. 최대 65세 될 때까지 내 맘대로 보험료를 정해서 낼 수 있다.

경력단절 여성, 실직, 사업 중단, 50대 이하라면 군복무(1988년 이후 복무) 등으로 납입유예 했던 보험료를 한꺼번에 입금하는 것도 좋다. 최대 10년 기간까지 회복할 수 있다. 다만 과거 기준이 아닌, 돈을 내는 현재 시점의 '소득대체율'로 적용한다. 점점 소득대체율이 낮아지고 있으니, 언젠가 할 거라면 지금 하는 것이 낫다. 흔히 추납 제도라고 부른다.

드물긴 한데 반납 제도에 해당하면 적극 활용하자. 국적 상실이나 해외 이민 등으로 돌려받았던 돈이 있었을 때 해당한다. 다시 공단에 돈을 돌려주면 복구된다. 추납과 달리 과거의 소득대체율을 소급해서 적용받으니 아주 좋다.

실업, 출산, 군 복무 등 각종 소소한 크레딧도 있다. 가령 실업 크레딧은 구직급여 수급자가 보험료의 25%만 내면 국가가 나머지 75%를 부담해 준다. 출산 크레딧은 첫째 아이부터, 군복무 크레딧은 6개월

에서 복무기간 전체로 확대되는 등 변경 진행 중이다. (2023년 기준)

　　이제부턴 주의사항이다. 매장 폐업 등 소득이 중단되었다면 반드시 공단에 신청하자. 그냥 놔두면 연체자가 되고 더 방치하면 체납으로 인해 통장이 압류될 수도 있다. 나중에 연금수령 나이가 되어도 반드시 내가 청구해야 한다는 것도 잊지 말자. 다행히도 직전 5년 이내에 못 받은 연금은 소급해서 받을 수 있지만, 5년이 경과된 노령연금액은 못 받는다. 생일이 8월 13일이라면 8월에 청구하자. 9월부터 국민연금을 받는다.

　　국민연금 지연 수령이 독이 되는 경우가 있으니 이 점도 미리 조심하자. 건강보험료 때문이다. 국민연금을 받게 될 나이 기준으로, 최대 5년까지 늦춰서 받으면 1년당 7.2%, 최대 36% 올라간 연금액을 평생 받게 된다. 연간 인상률이 높은 편이니 과거엔 꽤 괜찮은 지연연금 테크닉이었는데, 건보료가 강화되면서 독이 되었다. 국민연금의 50%가 소득으로 반영되어, 잘못하면 피부양자 자격 박탈 후 지역가입자로 건보료를 평생 내야 한다.

　　소득 하위 70% 65세 이상, 현실적으론 대부분의 직장인 출신의 사람들에게 해당되는 기초연금도 국민연금 수령액에 의해 영향을 받는다. 원래 받을 월간 금액은 2023년 기준, 싱글 32만 3,180원, 부부 51만 7,080원인데 국민연금 수령액이 높아질수록 감액된다. 가령 국민연금으로 매달 100만 원을 받는다면 싱글 기준으로 기초연금을 20만 원 정도만 받는다.

그렇다면 지금 20~30대가 할 수 있는 건 뭐가 있을까? 별로 없다. 그냥 나의 부모님이 '국민연금과 기초연금 수령, 건강보험료 부담' 사이에서 가장 최적화된 수준을 찾도록 효도 컨설팅하고, 내가 결혼할 때 1억 5,000만 원까지 주셔도 증여세 걱정 없다고 넌지시 말씀드려 보는 정도랄까. 가령 건보료는 국민연금을 1~5년 앞당겨서 수령하면 1년 당 6%씩 최대 30% 낮춰지니 건강보험공단에 반영되는 소득 평가 기준을 낮출 수 있다. 피부양자로 등재되었던 분이라면 미리 계산해 보자. 기초연금액 감액도 상당 기간 낮출 수 있다. 물론 연금수령 후 대략 25년 이상 생존하면, 원래 받을 연금액으로 받는 것에 비해 총 수령액으로는 불리해지니 그 점도 고려하자.

평생연금 3총사 ②
· 주택연금, 역시 부동산은 강하다 ·

주택연금은 부동산의 장점인 주거 해결, 금융의 장점인 깔끔함, 평생 수령이란 연금의 3가지 장점을 모두 갖고 있다. 내 집에서 계속 거주하면서 죽는 날까지 평생 매달 돈을 받는다. 다른 곳에서 거주하는 건 괜찮지만, 내 집에 전·월세를 놓아서 부가 수익을 얻으면 문제가 된다. 사후에 내게 유리하게 정산한다. 준 돈보다 남은 돈이 크면 차액을 유족에게 주고, 혹시 더 많이 받았더라도 추가로 청구하진 않는다. 이렇게 보면 좋은데 엄밀히 말하면 내 집을 담보로 매달 대출 받으며 사는 구조다.

국민 복지인가 싶어 기쁜 마음으로 주택금융공사를 방문했다가 이런 비용, 저런 조건을 들으면 서운한 마음이 생길 수 있다. 초기 보증료 1.5%, 매년 보증료 0.75%, 근저당권설정, 인지세 등 비용 항목이 생각보다 있는 편이다. 특히 연금이 아니라 대출이란 걸 알게 되면 많이 놀란다. 역모기지론(Reverse Mortgage Loan) 상품인데도 '연금'이라는 착한 명칭을 사용한 게 원인이다. 연금받는 오피스텔로 광고하면 처벌받는다는데 이에 비하면 주택연금은 꽤 특혜를 누리는 셈이다.

가입하려면 공시가격 12억 원 이하 주택을 소유하고 있고, 본인 또는 배우자 누구든 한 명만 55세 이상이면 된다. 이런 조건은 주거용 오피스텔도 추가되는 등 계속 완화되는 추세다. 오프라인 지사에 방문해서 충분히 내용을 들어보고 가입할지를 판단하자. 가입 후에 '이건 아니다' 싶으면 30일 이내에는 취소할 수 있다.

가장 중요한 연금 수령액은 주택 가격과 가입자 연령에 의해서 결정된다. 연령은 싱글이라면 본인을, 부부라면 둘 중 최소인 사람을 기준으로 한다. 주택 가격도 중요하다. 가령 내가 볼 땐 3억 5,000만 원인데 KB시세가 3억이라면 KB시세를 기준으로 지급한다. 혹시 평가액이 맘에 안 들면 내 돈 내고 감정평가를 해서 반영해도 된다. 3억원 기준으로 55세부터 받으면 45.3만 원을, 65세는 73.9만 원 등 연령에 따라 수령액이 달라진다.

주택연금 신청하기에 가장 최상인 시기는 70대다. 이 연령대는 60대의 활동기를 지난 후인 회상기에 해당한다. 외부 활동보단 정서적 활동 비중이 더 높다. 주거 이전 가능성이 낮아지니 남은 기간을 한곳에서 지내기도 무난하다. 월간 수령액도 50~60대에 신청하는 것보다 높아지니 생활비 충당하기에도 현실적이다. 이와 반대로 55세부터 신청하면 월간 수령액은 낮아지고 남은 인생은 너무 길다. 향후 30~40년간 주택 가격이 한 번쯤은 상승할 텐데, 주택연금을 해약하고 다시 가입하려면, 받았던 돈과 이자를 한 번에 상환해야 한다. 그래서일까. 2021년 기준으로 평균 신청 나이는 72세, 시세는 3억 대 주택, 월간 수령액은 평균 103만 원이었다고 한다.

그렇다면 일찍 받는 것과 늦춰서 받는 것, 어느 쪽이 총 수령액이 더 클까? 공사 홈페이지에 방문해서 예시표를 보면서 계산해 보면 안다. 물가를 감안하면 어느 연령대에 주택연금을 개시하든 100세 초반까지의 총액은 거의 비슷하다. 이보다는 적절한 수령 시기가 언제인지, 수많은 부가적인 서비스 중에 어떤 것이 필요할지 고민하는 것이 더 낫다.

어쨌든 주택연금은 연금이 아니라 대출이다. 약속을 지키지 않으면 착한 연금에서 '대출 갚아야지?'로 변신한다. 내가 중단 신청을 하거나 주택담보대출의 권리를 위협하는 행위를 하면 그렇게 된다. 이를테면 다른 사람을 전·월세로 살게 하고 돈을 받고 있거나, 다른 곳으로 전입신고를 하는 것이다. 만약 이런 게 필요하다면 가입할 때 그에 맞는 옵션을 선택하자. 신탁방식으로 가입하면 남는 방을 전·월세 놓을 수 있고, 소유자가 사망 후 자식들의 반대로 인해 배우자가 졸지에 연금을 못 받게 되는 사태를 막을 수 있다. 나중에 목돈을 빼서 쓰고 싶다면 대출 상환 방식도 있다. 물론 옵션이 늘어날수록 연금 수령액은 점점 낮아진다.

끝으로 혹시 기초연금 수급자라면 가성비 높은 우대연금을 챙기는 것도 고려해 보자. 기초연금이라고 하면 얼핏 사회 취약계층을 위한 시스템 같지만 그건 아니다. 2023년 기준 '소득인정액'으로 싱글은 월 202만 원, 부부는 월 323만 원 이하가 기초연금 대상자였다. 우대연금은 연령이 높을수록 주택 가격이 낮을수록 주택연금을 최대 20% 정도 더 많이 준다. 작은 공간으로도 충분한 싱글족들의 노후 주거와 생활비 대비로 좋다고 본다. 부부 기준으론 2억 원 미만의 주택인데, 서울은 집값이 높으니 지방에서 '한국부동산원이나 KB시세'를 실제 시세와 비교해서 1억대 주택을 고르면 가성비가 더 커진다.

평생연금 3총사 ③
· 개인연금보험, 비과세 고급 재테크 ·

개인연금보험은 생명보험사에서만 판매한다. 장수 리스크를 해결하는 목적이 큰 금융 상품이라 별도로 평생연금 3총사로 분류했다. 공적연금만으로는 부족한 노후 생활을 보완하라는 취지로 판매하는데 보험이 갖는 독특한 특성을 활용하는 분은 많지 않다. 일반적인 직장인이라면 노후 대비 차원에서, 자산과 소득이 높은 편이라면 비과세와 향후 상속, 증여세 절감 차원에서 좋다. 다만 20~30대에는 결혼, 주택 마련 등 굵직한 재무적 이슈가 많은 편이니 10년 이상 꾸준히 넬 수 있도록 예산 범위 내에서 가입하는 것이 좋다고 본다.

내가 알아야 할 중요한 순서대로 풀어가자면 이렇다.
우선 경험생명표다. 개인연금보험은 '내가 가입한 시점의 경험생명표'를 사용해서 미래의 연금을 준다. 이 표는 대개 3~5년에 한 번씩 변경하는데 일찍 가입할수록 기존 '짧은 수명 기간'을 적용하니 이득이다. 이게 개인연금보험의 1순위 목적이자 장점이다.

예를 들어 A는 2018년에 경험생명표가 81.4세일 때, B는 1년 후 경험생명표가 83.5세일 때 가입했다. 둘 다 60세까지 1억을 모아서 연금을 신청하면 A는 매년 467만 원을, B는 425만 원을 평생 받는다. 오래 살아야 유리한 게 연금인데, 이렇게 적게 받으면 억울해서 오래 못 산다. 단순 이해를 위한 계산이지만 실제로도 이만큼 또는 그 이상 차이가 난다.

그 다음이 비과세 혜택이다. 매달 적은 돈으로 시작해도 20~30년이 지나면 원금보다 크게 커질 수밖에 없으니 비과세로 얻는 장점이 꽤 클 수밖에 없다. 사업비란 단점을 충분히 상쇄한다. 가입한 후 55세 이후부터 종신 연금으로만 받는 경우, 납입 한도 제한 없이 비과세다. 그 외엔 1인당 1억 또는 월간 납입 금액 150만 원 한도와 10년 이상 유지 기간 등 추가 조건이 붙는다. 국내 주식투자에도 과세를 하는 시점이 되면 개인연금보험의 비과세가 크게 이슈화될 것으로 보인다.

세 번째가 투자와 추납 등 각종 테크닉이다. 가장 많은 설명이 필요하겠지만, 내 연금자산을 늘리는 데엔 가장 적은 비중일 수도 있다. 위에 언급한 경험생명표와 비과세가 '확정적으로 연금자산 증식' 효과가 있는 데 비해 투자와 추납 등 테크닉 부분은 수익을 추구하는 과정일 뿐이기 때문이다. 굳이 하나 더 붙이자면 남자가 여자보다 더 많이 받는 것이 있긴 하지만, 이건 연간 수령액 차이일 뿐이다. 총량은 양쪽이 같다. 금융 상품인지라 비밀의 방 같은 그런 허점은 없다.

우선 나의 스타일부터 결정하자. 금리형, 투자형, 달러형이 있다. 금리형은 보험사가 굴려서 이자를 주는 방식이다. 금리는 높을수록 보험사 재정은 튼실할수록 좋다. 혹시 파산하면 예금자 보호를 해준다. 투자형은 흔히 변액보험으로 부르는데, 계좌형 금융 상품의 특징을 갖고 있다. 한국 및 해외의 국가별, 원자재, 골드, 채권 등 투자 사이클이 다른 분야의 펀드로 라인업 되어 있으면 나의 재테크를 마음껏 펼칠 수 있다. 달러형은 기축통화인 달러화의 미래 가능성과 환율 급변 시 추가 납입으로 얻는 환차익을 기대하고 가입한다.

방향을 결정했다면 이제 남은 건 상품의 세부적인 기능 조건이다. 추납 한도가 소멸되지 않고 매년 이월되는지, 추납 수수료가 낮은지 살펴보자. 상품에 따라선 0%도 있다. 이게 가능한 상품이 있다면 당장 추납을 서두르지 말고 연금 사이즈만 미리 확보하자. 예를 들어 30만 원 여유가 되면 사업비를 줄일 겸 20년간 기본 10만 원에 추납 20만 원으로 하면 총 연금 사이즈가 7,200만 원이 된다. 그렇게 하지 말고 그냥 기본 30만 원으로 가입해서 나의 연금 사이즈를 2억 1,600만 원으로 키워놓자. 처음 내는 30만 원 부담은 같지만 차후의 연금 사이즈가 달라진다. 나중에 여유 될 때 몰아서 넣어도 경험생명표를 과거로 소급해준다. 지금은 30만 원이 커 보여도 10년 후엔 나의 경제 규모가 이보다 커지니 현실적으로도 이득이다.

연금 개시한 후의 금리가 얼마나 높은지도 꼭 보자. 금리형, 투자형, 달러형 어느 쪽을 선택하든 대부분 개인연금보험은 연금이 개시된 후 상당히 낮은 금리를 주는 금리형으로 변한다. 덕분에 보험사는 가입자들의 장수로 인한 파산 위험을 낮출 수 있겠지만, 내 입장에선 연금 자산 증가가 느려지니 아쉽다. 대안을 찾고 싶다면 연금 개시 이후에 더 높은 금리를 주는 곳, 연금 개시 후에도 계속 투자할 수 있는 상품을 찾아보자. 투자는 늘 변하지만, 확정적인 저금리로 가지 않아도 되니 일종의 기회 차원에선 나름 대안이 될 수 있다.

언젠가 연금으로 받는 기쁜 순간이 오면 확정연금, 상속연금, 종신연금 등 3가지 중 하나를 선택하자. 나의 건강과 가족 환경을 고려하면 된다. 건강이 나빠서 오래 살지 못할 것으로 예상될 때는 일정 기간만 받고 끝나는 확정연금을, 이자 정도만 연금으로 받다가 사후에 가족에게 목돈을 물려주고 싶을 때는 상속연금을, 평생연금의 기본 장점을 누리고 싶다면 종신연금형을 선택하자. 귀차니즘족이라면 부부는 '종신연금-부부형'으로, 싱글은 '종신연금-10년 보증'을 우선 고려하자.

예) 30세 부부, 20년간 매월 30만 원, 추납 60만 원

65세 연금 개시, 연 3.375% 수익 가정 시

- 확정연금-20년: 매년 940만 원씩 20년 수령

- 상속연금: 매년 357만 원 수령, 유족은 일시금 1억 6,300만 원 수령

- 종신연금 10년 보증형: 640만 원 평생 수령

- 종신연금 20년 보증-부부형: 매년 597만 원씩 수령

  가입자 사망 시 배우자가 507만 원씩 평생 수령

끝으로 연금 받기 전에 할 만한 소소한 활용법으로 마무리한다. 상세 수수료 등 자세한 내용은 가입설명서나 상품설명서 등을 참고하자.

달러형 개인연금보험이 있다면 달러 예금 대용으로 활용해 보자. 환전수수료 3~4%대인 달러예금에 비해 1달러 당 2~3원 수준이라 환테크에 유리하다.

투자형 개인연금보험이 있다면 급락한 시장에서 단타성 추납을 해 보자. 얻어진 수익금은 비과세로 즉시 인출할 수 있다. 바로 꺼내면 '직전 3개월' 차익의 70% 정도를 떼는 일반 펀드보다 훨씬 유리하다.

해외 펀드로 굴리고 싶을 때도 추납을 활용해 보자. CMA, ISA, 연금저축보다 낫다. 이자/배당소득세, 금소세 걱정 없고 ISA처럼 3년 이상 채우지 않아도 전액 비과세 해준다.

이 외에도 응용은 많다. 10년이 경과하지 않아도 미리 비과세를 주

는 것과 언제든 돈을 입출금해서 투자하는 개인연금보험 추납이 주는 장점을 나만의 방식으로 응용해 보자.

6장

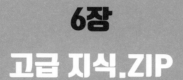

고급 지식.ZIP

“
내 돈은 내가 관리한다
”

회장님도 한다는 투자 관리 방법

투자 하수는 주가가 내려가면 걱정을 한다. 손해가 난 돈만 보인다. 이와 반대로 투자 중수라면 기회로 삼는다. 성공 투자를 하고 싶다면 예측하기보단 대응을 잘해야 한다. 투자 고수들도 선호하는 4가지 방법과 무난한 투자 방법 한 가지를 소개한다. 인간이 가지는 예측의 한계, 심리적 편견을 극복하기 좋다. 효과도 생각보다 강력하다.

1. 리밸런싱 - 필수 테크닉

• 응용 대상 : 주식부터 예금까지 모든 재테크
• 활용 시기 : 6~12개월마다 정기적으로

유명 자산운용사 대표였던 투자 전문가 모 회장님도 이 방법을 사용해서 관리한다고 한다. 방법은 의외로 간단하다. 투자하는 자산(주식부터 예금까지)을 6개월 또는 12개월마다 처음 설정했던 비율로 다시 맞추는 것이다.

투자 자산 리밸런싱

변동성 낮은 A와 변동성 높은 B를 병행하면, 중간 정도(효과 C)의 변동성을 가지면서 투자 성과를 노려볼 수 있다.

1) 실행 방법

투자 자산 A는 변동성이 낮으니 내 돈의 70%를 투자, 투자 자산 B는 변동성이 들쑥날쑥하지만 고성장 기대감 자산이니 30%를 투자하기로 했다고 하자. 일종의 Core-Satellite 전략이다. 핵심(Core) 포트폴리오는 무난한 투자 자산으로 굴리고, 위성(Satellite) 포트폴리오는 변동성은 높지만 기대 수익이 높은 자산으로 굴리는 방식이다. 안정성을 확보하면서 고수익을 기대하는 이들에게 좋다.

그 후 이 두 자산을 합한 총 평가 금액에서 다시 A와 B에 7:3으로 배분해서 투자한다. 이 과정을 주기적으로 계속 반복한다. (예: 코스피 지수형 ETF에 70% 비중, 개별 주식 종목에 30% 비중으로 투자)

2) 기대 효과

초기의 자산 배분 비율을 끝까지 유지해주고, 들쑥날쑥 변동성은 낮추는(그림 항목 C 곡선) 두 가지 효과를 얻는다. 성장성이 높은 자산과 안정적인 자산을 혼합할수록 시너지 효과가 커진다. 리밸런싱 주기는 6개월 또는 12개월 정도가 무난하다고 한다.

3) 단점 및 대안

① 변동성이 큰 자산(위 그림 항목 B)이 계속 상승해버리면 아쉽다. 변동성을 낮춘 대가다. 이로 인한 수익 기회를 놓치는 것보다 낮아진 변동성이 주는 효용 가치가 더 낫다.

② 하필 A 또는 B 자산이 떨어질 때마다 리밸런싱 하면 손해일 수도 있다. 확률적으로는 반반이다. 굳이 걱정된다면 혼합하는 주기를 좀 더 짧게 또는 더 길게 가져가면 된다.

4) 더 알아두면 좋은 것들

멀티 펀드형 금융 상품(예: 엄브렐러 펀드, 변액연금보험) 이라면, 대부분 금융회사가 자동 리밸런싱 서비스를 제공하고 있다. 투자 귀차니스트라면 일정 비율만 미리 정해 놓고, 자동 리밸런싱을 신청해두자. 3개월~12개월 간격으로 선택할 수 있다.

2. 바벨전략 - 계좌형 금융 상품 테크닉

• 응용 대상 : 계좌형 금융 상품들(연금저축, IRP, DC형 퇴직연금, 투자형 보험)
• 활용 시기 : 가입 후 6~10년 후, 목돈이 너무 커진 시점

계좌형 금융 상품에는 '매달 내는 돈'과 '쌓인 돈' 두 종류의 돈이 있다. 적립식으로 5~6년 이상 투자하다 보면 쌓인 목돈이 커져서 운용하기가 점점 부담스러워진다.

반면에 매달 넣는 돈은 주가가 내려가더라도 분할 매수하는 효과가 있으니, 좀 더 적극적으로 굴려도 부담이 덜하다. 두 가지 재테크 특성이 공존하는 셈이다. 이럴 때 바벨 전략을 써보면 좋다. 양쪽의 돈을 다르게 운용한다.

1) 실행 방법

쌓인 적립금(목돈)과 월간 투입금(적립식 투자)의 투자 특성을 각자 다

르게 한다. 쌓인 목돈은 변동성이 낮은 투자로, 매달 붓는 돈은 변동성이 큰 투자 대상으로 선택하면 포트폴리오 균형 차원에서 좋다.

가령, 쌓인 목돈은 중위험·중수익을 추구하는 펀드를 선택해서 굴린다. 변동성이 주식형에 비해 낮아서 시장 변화에 둔탁하게 움직이지만, 장기적으론 천천히 우상향하는 패턴으로 간다. 큰 목돈을 굴리기엔 안심이다. 이와 반대로 매달 붓는 돈은 변동성이 큰 주식형 펀드, IT펀드, 미국주식펀드, 글로벌미디어펀드 등에 투입한다. 변동성이 큰 만큼 주가 하락 폭도 클 수 있겠지만, 그런 경우가 오더라도 매달 주식을 전월에 매수했던 것에 비해 상대적으로 저렴하게 매수할 수 있으니 나름 괜찮다.

2) 기대 효과

큰 목돈은 변동성을 낮추고 완만한 상승을 추구, 매달 붓는 작은 돈은 변동성이 높은 적극적 투자로 고성장을 추구한다. 혹시 적극적 투자가 시장 급등락으로 꼬이더라도 '작은 돈'이니 영향이 적다. 특히 투자 시기를 분산시키는 '적립식 투자 효과' 덕분에 변동성은 낮추고 더 나은 수익을 추구해 볼 수 있다.

3) 단점 및 대안

① 목돈을 변동성이 낮은 펀드로 굴려도 시장 하락 시 손실은 피할 수 없다. 아예 마이너스가 없는 MMF나 예금형 상품 등으로 교체하는 대안이 있다.

② 시장이 예상과 반대로 상승해버리면 나의 목돈만 상승에서 소
외되지만, 위 리밸런싱 전략을 병행하면 일부 해결할 수 있다.

4) 더 알아두면 좋은 것들

부동산에도 응용할 수 있다. 큰돈은 수익형 부동산투자로 굴리고,
거기서 나오는 월세는 주식에 매달 투자하면 양쪽의 장단점을 적절히
섞을 수 있다. 예·적금으로 연봉의 1~2배 이상 목돈을 모으면, 그 후
로 적금 비중을 낮추고 펀드나 주식을 늘려야 하는 이유도 이런 것이
다. 목돈이 느리게 움직이더라도, 작은 돈들은 적극적으로 움직이게
해야 밸런스가 맞는다.

3. TDF 전략 - 번 돈을 지키자

- 응용 대상 : 주식, ETF 및 모든 금융 상품 (부동산 포함)
- 활용 시기 : 만기가 가까워지기 3~6년 전

초기에 투자 성과를 잘 냈는데 막판에 투자 실패로 인해 최종적으
론 손실을 보는 경우가 있다. "처음 수익을 지키기만 했어도….'라는
아쉬움을 겪었다면, 이제부턴 TDF(Target Dated Fund) 투자 방식도 고려
해 보자. 퇴직을 5년 정도 앞둔 DC형 퇴직연금 직장인, 흔들리는 심리
적 투자가 아닌 시스템적인 투자를 선호하는 적극 재테크족에게 좋다.

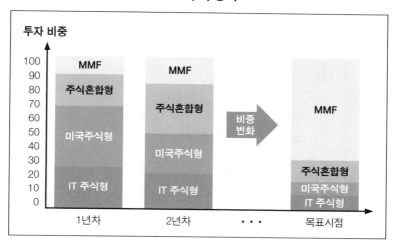

TDF 투자 방식

1) 실행 방법

내가 돈을 찾을 목표 시점 3~5년 전부터 시도하는 것이 가장 무난하다. 처음에는 주식 등 변동성이 큰 자산 비중을 높여서 적극적으로 투자하다가, 시간이 갈수록 점차 이런 자산 비중을 낮추고, 변동성이 낮은 자산의 비중을 높여 간다. 투자된 금융 상품, 주식 종목은 변경하지 않는다. 오직 비중만 조절한다.

2) 기대 효과

투자 초중기에 얻어진 수익을 마지막까지 지켜주는 효과가 있다. 일종의 욕심 줄이기 전략이다.

3) 단점 및 대안

① 초중기에 수익이 낮았거나 손실이었다면 효과가 떨어진다. 이런 경우라면 만기 시점을 훨씬 더 뒤로 늦추는 것으로 대응하는 것이 현실적인 대안이다.

② 비중 조절을 일정 시기마다 매번 실행하기가 번거롭다는 단점도 있다. 번거로운 게 싫다면 처음부터 TDF 기능이 있는 금융 상품으로 가입하면 해결된다.

4) 더 알아두면 좋은 것들

주식과 금융 투자는 물론 부동산 투자도 응용 가능하다. 가령 40대 이전엔 차익형 부동산으로 변동성 높게 가져가다가, 40대 중반부터 수익형 부동산으로 하나씩 변경해가는 것도 알고 보면 TDF 투자 방식이다.

4. 시장 흐름에 따라 수동 밸런싱으로 대응

- 응용 대상 : 주식, ETF 등 직접 투자. (펀드 등 금융 상품도 비교적 가능)
- 활용 시기 : 언제든 경기 사이클에 맞춰서

리밸런싱이 '정기적 강제 조정'이었다면 이 방법은 비정기적인 수동 조절 방법이다. 변하는 경기 상황에 따라 조절하니, 매주 1번 이상 경제 신문을 보는 재테크 관심족에게 권한다. 이 방법이 필요한 이유는 경기와 산업 섹터의 주기성 때문이다. 시장을 예측하는 것은 어렵지만, 경기와 산업 섹터는 어느 정도 싸이클이 있다. 단지 시차가 있을 뿐이다. 금리가 오르면 당장 또는 언젠가 주식 전체 시장이 하락할 수밖에 없다.

1) 실행 방법

① 우선 시장의 흐름을 판단한다.

　매주 경제 신문을 보면서 경기와 산업별 흐름을 본다.

② 경기 흐름에 맞춰 투자 비중만 Up/Down 한다.

시장 전망에 따라 비율만 조절한다. 개별 항목을 바꾸는 게 아니다. 기존 선택한 것들은 그대로 놔두고, 오직 '투자 비중'만 조절한다.

수동 밸런싱

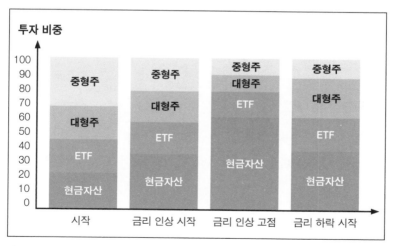

- 투자 시작할 때 호황기라서 현금 자산 20%, 주식 자산 80%였다면.
- 만약 금리 인상이 시작되면, 향후 주식 시장이 Down 될 것이니, 현금 자산 비중을 40~50%로 올리고 주식 자산은 그만큼 낮춘다. 이때 대형주보다 중형주를 더 줄인다. 변동성이 더 높기 때문이다.
- 주가가 하락하고 금리 인상도 계속되면 현금 비중을 더 높이고, 주식투자 비중은 더 낮춘다.
- 그 후 금리 변화가 시작되면 현금 비중은 낮추고, 투자 자산 비중을 높여준다. 이때 중형주를 먼저 늘려 준다. 이런 대형주, 중형주에 대한 투자 비중 조절 순서는 나의 투자 스타일에 따라 알아서 선택하자. 투자엔 답이 있는 건 아니다.

2) 기대 효과

개별 종목에 대한 타이밍 투자, 선택 의존성을 줄여주는 효과가 있다. 투자 시장의 큰 흐름은 있는 것이니 그에 맞춰가는 투자법인 셈이다.

3) 단점 및 대안

① 시장은 예측한 시점에서 시작하지 않는다. 잘 모르겠다면 한 번에 비중을 바꾸기 보단 10% 단위로 천천히 증가/하향시키면 된다.

② 대형, 중형, 소형주, 원자재 시장의 상승 하락 패턴은 항상 순차

적이진 않다. 초보자라면 변동성 감당이 어려운 소형주, 원자재를 제외하거나 5~10% 이하 비중으로 대응하자.

4) 더 알아두면 좋은 것들

시가총액 5,000억 이상의 주식들, 거래 규모가 1,000억 대 이상의 펀드나 ETF 들로 구성하면 좀 더 무난할 수 있다.

5. 적립식 투자 - 나누고 쪼개면 투자가 만만해진다

일정 시점마다 기계적으로 투자하는 '적립식 투자방법'은 재테크 입문족이라면 필수 지식이다. 업무에 집중해야 하는 직장인, 일일이 재테크 관리하기 어려운 유튜버나 자영업자, 전문직 종사자에 좋다. 개별 주식투자를 적립식으로 응용한 사례를 소개한다.

아프리카TV 라는 주식이다. 동영상 실시간 플랫폼인데 유튜브와 비슷해 보이지만 성격이 완전히 다르다. 유튜브는 '콘텐츠', 아프리카TV는 '사람'이 우선인 특성이 있다. 해마다 영업이익률이 20%가 넘으니 소문만으로 주가가 등락하는 잡주는 아니다. 이렇게 실적을 바탕으로 성장하는 주식이라면 적립식 투자를 응용해 볼 수 있다. 이해하기 쉽게 주가를 간결하게 재구성했다.

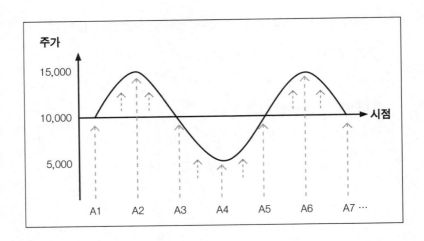

　목돈이 1,000만 원이 있을 때 한 번에 투자하지 않고 주식을 A1, A2 등 시점별로 각각 100만 원씩 매수한다. A1 시점에선 1만 원인 주식을 100만 원으로 100주를 매수, A2 시점에선 1만 5,000원인 주식을 100만 원으로 67주를 매수하는 식이다.

　이제 각 시점 수익률을 계산해 보자.
　수익률 = (누적 매수한 주식 수량 × 해당 시점 주가) ÷ 누적 투자 금액

　A1에서 A4까지 가는 동안 각 시점별로 0%, +25%, -11%, -41% 수익이 난다. A5 시점의 주가는 투자를 처음 시작했을 때의 주가임에도 불구하고 수익은 오히려 +13%가 된다. 분할 매수의 장점이다. 만약 A1에서 한 번만 투자하는 목돈 투자였다면 A5 시점의 수익률은 0% 였을 것이다.
　이런 식으로 계속 투자하면 좋을 것 같지만 항상 그런 건 아니다.

가령 A6에선 +58%가 되지만 A7에선 +5%로 전보다 낮아져서 실망할 수도 있다. 이렇기 때문에 적립식 투자에서 목표 수익률 지정이 필요하다. 내가 원하는 목표치에 충족하면 투자를 중단하고 달성한 플러스 수익률을 실현할 결단이 필요하다. 가령 목표 수익률이 '20%를 넘기자'였다면 A2 시점쯤에 매도하면 된다. 목표 수익률을 낮게 할수록 달성 가능성이 높아지니 연 환산 3~4R 정도 수준을 추천한다. 아울러 등락 폭이 심한 주식으로 하고 싶다면, 투자 간격을 빨간색 화살표 시점까지 매수하는 등 더 촘촘하게 하면 해결된다.

2

부동산 등기부등본
3가지 포인트

부동산 매매, 전·월세 임대차 계약할 때 필수 확인 문서다. 정식 명칭은 등기사항전부증명서인데 현장에선 그냥 등기부등본이라고 부른다. 해당 부동산에 대한 정보와 각종 권리 변동 사항이 기재되어 있다. 쉽게 말해서 부동산 담보대출을 누가 얼마나 했는지, 소유자는 누구인지, 주소 및 거래 금액 등이 나와 있다. 대법원인터넷등기소에서 '부동산등기 열람하기'에서 유료로 발급할 수 있다. 아래 설명은 아파트, 오피스텔, 다세대주택(빌라) 같은 집합건물 기준으로 설명한다.

기초 상식

1) 표제부, 갑구, 을구 기본 특성

등기부등본을 발급해서 보면 3부분으로 나눠서 기록되어 있다. 각각 표제부, 갑구, 을구 이렇게 부른다.

표제부는 주소, 면적, 용도 등 건물/토지에 관한 사항이 나와 있다. 일종의 기본적인 정보 표시인 셈이다. 만약 재건축이나 재개발 가능성을 보고 투자하려는 경우라면 대지 지분이, 상가주택이라면 건물과 대지 소유자가 '동일인'인지 '특수 관계인'지가 중요해진다.

갑구는 소유권에 관한 내용이 쓰여 있다. 누가 소유자인지와 현재 소유자의 권리를 위협하는 각종 압류, 가압류, 가등기 등이 나와 있다. 소유자가 바뀔 수도 있는 내용이니 내가 매수자/임차인이라면 상당히 민감한 곳이다.

을구는 소유권을 제외한 내용들이 기록되어 있다. 제3자가 걸어 놓은 근저당, 전세권, 임차권 설정 등이 대표적이다.

가장 무난한 등기부등본은 갑구에는 그동안 바뀐 소유자 정도만 나와 있고, 을구에는 은행의 대출로 인한 근저당 한 두 개 정도 있는 집이다.

나머지의 경우는 아래 지식을 참고해서 판단하되, 복잡한 내용이 있다면 반드시 전문가 판단을 거치자.

MEMO

'순위 번호', '접수 번호'는 권리 순서다

권리 관계 우선 순위를 따질 때 중요해진다. 경매 등 비상상황일 때도 돈을 받아갈 순서가 된다. 깊게 공부한다면 경매 등에 도움 되지만, 이 책에선 기본 원칙 딱 두 가지만 챙기자.

1. 우선 순위 기준이 있다.

같은 구 안에서의 우선 순위를 판정할 땐 '순위 번호'로 정한다. 갑구와 을구에 각각 기록된 내용은 '접수 번호'로 정한다. 갑구 안에서 순위번호 2번과 3번이 있다면, 2번이 우선 권리가 된다. 반면에 갑구에는 2번으로 을구에는 3번으로 기록되어 있다면, 2번과 3번에 추가로 기록된 '접수 번호'로 판정한다.

2. 부기 번호는 주 번호 순위에 따른다.

주 번호의 하위로 붙어 있는 것이 '부기 번호'다. 주 번호 2번에 부기 번호 2-1이 추가로 쓰여 있고, 주 번호 3번에 부기 번호 3-1이 있다고 하자. 혹시 3-1이 2-1보다 먼저 등록되었더라도, 2-1이 3-1보다 선순위가 된다. 주 번호 2번이 3번보다 우선 순위라서 하위 번호 운명이 이미 정해져 버린다.

2) 취소 줄은 말소다. 신경 끄자

이렇게 ~~가로로 줄이 그어진 내용~~이라면 이미 말소된 내용이다. 권리 관계가 소멸된 것이니 무시해도 된다. 다만 이 집의 과거 스토리이니 소유자의 스타일을 짐작해보는 용도로 써볼 수는 있다. 가령 현재 소유자가 등장한 이후부터 이런 취소 줄이 많다면, 사업하는 사람이

거나 부동산 전업 투자자일 가능성이 크다. 이들은 부동산 권리 관계
에서 프로급이다. 언제든 추가대출하거나 경매로 넘기는 것을 주저
하지 않을 수도 있다. 만약 이런 주택에 세입자로 계약하고 싶다면 전
문가의 이중 검토를 거치자. 임대차 계약서 작성 및 정상 입주 완료할
때까지 신경 써야 한다.

표제부에서 살펴볼 포인트

자 이제 표제부를 이해해 보자. 실제로 경매에 넘어간 집이라서 몇
가지 참고할 내용들이 보이니 공부하기 좋다.

1) 주소와 면적

중요한 항목이다. 계약서에 주소를 작성할 때 여기의 주소와 건물 번호(그림 항목 1,3)까지, 나머지 토지면적, 건물내역, 대지권비율도(그림 항목 2, 4, 5) 그대로 써야 한다. 이게 잘못되면 매수자나 세입자 계약 관계가 꼬일 수 있다. 대체로 아파트는 깔끔하지만, 단독주택이나 다가구 주택 매매/임차라면 건물 소유자, 토지 소유자가 다른 경우도 있다. 만약 건물과 토지 소유자가 다르다면 반드시 공인중개사 또는 전문가 검증을 거치자. 건물의 건축 시기에 따라 토지 소유자 허락을 받지 않아도 될 때가 있고, 무단 임대가 되어버릴 때도 있기 때문이다.

2) 대지권의 비율

[집합건물] 서울특별시 마포구 성산동

【 표 제 부 】 (전유부분의 건물의 표시)			
표시번호	접 수	건 물 번 호	건 물 내 역	등기원인 및 기타사항
1	2016년11월10일	제8□□□호 **3**	철근콘크리트구조 18.55㎡ **4**	

(대지권의 표시)			
표시번호	대지권종류	대지권비율	등기원인 및 기타사항
1	1 소유권대지권	1228.1분의 3.785 **5**	2016년10월18일 대지권 2016년11월10일 등기
2			별도등기 있음 1토지(갑구 1번 신탁 등기) 2016년11월10일 등기
3			2번 별도등기말소 착오발견으로 인하여 2016년11월24일 등기
4			별도등기 있음 1토지(갑구 3번 신탁 등기) 2016년11월24일 등기
5			4번 별도등기 말소 2017년1월2일 등기

대지권의 비율(그림 항목5)은 해당 주택의 소유자가 실제로 갖고 있는 '토지 면적'이다. 이 서류로 보자면 소유한 대지 면적은 3.785㎡

다. 건물내역(그림 항목4)은 나만 쓰는 '전용 면적' 이다. 18.55m²이니까 대략 5.6평짜리 원룸형 오피스텔이다. 특수한 상황을 제외하면 이런 5m² 이하 소규모 지분은 추가적인 개발 가치가 거의 없다고 본다.

갑구에서 살펴 볼 포인트

갑구는 나와 거래하는 실제 소유자, 소유권을 직접적으로 위협하는 내용들이 나와 있다. 압류, 가압류, 임의경매개시결정 이런 내용이 있으면 매매든, 임대차든 거래를 피하자. 혹시 곧 해결된다고 해도 조심하자. 법에 의해서든 경매로든, 거래하던 소유자가 바뀌어 버리면 나의 계약도 문제가 발생할 수 있다.

【 갑　　구 】 (소유권에 관한 사항)				
순위번호	등 기 목 적	접　수	등 기 원 인	권리자 및 기타사항
1	소유권보존	2016년11월10일 제59987호		소유자 국제자-　　　　　03236 서울특별시 　　　성동)
	신탁			신탁원부 제2016-4588호
2	소유권이전	2017년1월2일 제31호	2015년4월6일 매매	소유자 김 서울특별시 　　　 ***** 6
	1번 신탁등기말소		신탁재산의 처분	
3	임의경매개시결정	2020년9월22일 제153931호	2020년9월22일 서울서부지방법원의 임의경매개시결정 7	채권자 주식회사 하나은행 110111-0672538 서울특별시 중구 을지로 35 (을지로1가) (여신관리부)
4	압류 8	2021년4월9일 제51148호	2021년4월9일 압류(세남장세과-다23051)	권리자 국 처분청 금천세무서장

1) 실제 소유자와 거래 가액(그림 항목 6)

현재 소유자 이름과 매매할 때의 거래 가액이 기록되어 있다. 이곳의 '소유자'와 거래하지 않았다면 거래 무효다. 반드시 소유자와 직접 만나서 거래하자. 만약 2인 이상 소유자라면, 소유자 전체를 만나서 계약하거나 다른 소유자들의 '위임장을 받은 대표 소유자'와 거래하자. 매매의 경우엔 전원 100% 동의일 때만 매매 가능하며, 전·월세 등 임대차 계약이라면 50%를 초과하는 소유자(들)와 거래하면 된다. 혹시 위임받은 대리인과 계약한다면, 다른 소유자와 전화 통화는 꼭 하자. 미안해 할 것은 전혀 없다. 당당하게 "권리 관계 확인 차 전화 드렸습니다"로 말한 후 실제로 위임했는지, 주민등록번호 그리고 대리인과 어떤 관계인지 질문하고 녹취도 하자.

2) 가압류, 압류, 경매개시, 가등기, 신탁 등

가압류는 현재 소유자와 누군가가 분쟁 중인 상태를, 임의경매개시결정(그림 항목7)은 채권자 신청에 의해서 경매가 시작된 물건이라는 의미, 압류(그림 항목8)는 국가기관이 강제로 설정한 것, 가등기는 소급해서 소유자가 변동될 수 있다는 의미다. 이 중에서 가장 골치 아픈 것이 가등기다. 여차하면 가등기 시점으로 소급해서 소유자가 바뀌어 버린다. 가등기 이후의 매수자나 임차인들은 모두 계약 무효가 된다. 이 외에도 신탁 등기가 있다. 이게 보이면 현재의 소유자로 등록된 사람은 권리가 없다. 매매/임대차 거래할 땐 신탁된 회사와 직접 해야 한다.

요약하자면 이렇다. 가압류, 압류, 경매개시, 가등기는 무조건 피해야 할 부동산, 신탁 등기가 보인다면 소유자는 가볍게 패스하고 신탁회사와 직접 거래해야 한다.

을구에서 살펴볼 포인트

을구는 소유권 이외의 권리를 기록한 곳이다. 주로 현재 소유자가 진 빚이나 누군가에게 뭔가 해줄 내용들이 나타나 있다. 해당 내용의 범위와 금액에 따라 매수나 임차할 때 중요한 항목일 수도 있고 그렇지 않을 수도 있다.

순위번호	등 기 목 적	접 수	등 기 원 인	권리자 및 기타사항
1	근저당권설정	2017년1월2일 제32호 **9**	2016년12월22일 설정계약	채권최고액 금108,000,000원 채무자 김 서울특별시 근저당권자 주식회사하나은행 110111-0672538 서울특별시 중구 을지로 66 (을지로2가) (마포서지점)

1) 근저당설정

가장 흔하게 있는 항목이다. 근저당(그림 항목9)은 이 집을 담보로 돈을 빌린 내역이다. 이와 비슷한 것으로 저당권 설정도 있다. 둘 다 남에게 돈을 빌린 흔적이다. 이런 집을 매수할 때는 기존 근저당이 있어도 문제 될 건 없다. 기존 빚을 먼저 없애는 조건으로 거래하기 때문이다. 매수자인 내가 상대방에게 줄 돈을 갚아야 할 곳(예: 은행)에 직접 송금하는 방식으로 거래하면 된다.

다만 내가 임차인으로 들어가서 살 집이라면 나보다 먼저 있는 선순위 근저당은 금액이 많을수록 불편하다. 나의 보증금과 임차권을 위협하기 때문이다. 만약 경매로 집이 넘어가면 새로운 낙찰자에게 '만기 이전일지라도' 집을 비워줘야 한다. 경매 낙찰가가 낮으면 돈 받을 우선 순위가 밀려서 내 보증금을 제대로 못 받을 수도 있다. 향후 주택 가격이 하락해서, 기존 대출금과 나의 보증금을 합한 금액보다 낮아져도 문제가 생긴다. 흔히 말하는 "나 돈 없는데?" 같은 깡통전세 상황이 된다.

2) 전세권설정, 임차권설정

전세권설정이나 임차권설정도 근저당설정처럼 현재 소유자의 빚 정도로 보면 된다. 전세권설정은 깔끔한 빚, 임차권설정은 기존 세입자가 보증금을 못 받고 나간 분쟁 중인 빚이다. 매수하려는 경우라면 기존 내용을 청산할 것을 요구하자. 안 그러면 새로 인수한 사람이 떠안아야 한다. 다만 임차하려는 경우라면 각각 다르다. 아파트, 오피스텔, 다세대주택 등 경우엔, 전세권설정 된 주택은 이미 누군가 통째로 전세를 얻은 것이니 내가 들어갈 공간이 없다. 다만 실제 임차해서 살지 않아도, 단순히 기존 채권(빚)을 담보하기 위해서 걸어놓을 수도 있으니 '기존 임대차' 상황을 전문가와 꼼꼼히 확인해봐야 한다. 반면에 임차권등기는 다르다. 이미 누군가와 분쟁 중인 것이니 무조건 피하자. 고수들은 이런 집을 '보증금은 걸지 않은 채' 2~3개월 반값, 땡처리 월세로 살기도 한다.

등기부등본은 공신력이 없다?

등기부등본은 국가가 관할(법무부)하는데, 이상하게도 이 기록에 대한 진위 여부는 대한민국이 보증하지 않는다. 쉽게 말해서 여기에 기록된 소유자나 권리의 내용을 믿고 거래했다가 내가 손해를 보더라도 국가는 기본적으론 책임지지 않는다는 의미다. 주택을 매수/임차한 후 난데없이 원래 소유자라며 제3자가 등장하면 황당해지니, 이런 저런 권리 관련 분쟁을 막고 싶다면 등기부등본만 믿고 거래하지 말고, 아래 1~3 항목을 모두 확인해야 한다. 추가로 4번째 항목에 해당되는지도 살펴보자.

1. 실제 현장 방문해서 눈으로 살펴볼 것

매수/임차하는 사람은 해당 주택에 직접 방문해서 해당 공간을 살펴보고 누군가의 흔적, 거주 여부를 확인할 '의무'가 있다. 누군가 있다면 친구가 사는지 실제 세입자인지, 보증금과 월세는 얼마인지, 계약갱신권을 사용했는지 물어보고, 나갈 세입자라면 그가 언제 퇴거할 예정인지 꼭 물어보자.

2. 전입한 사람이 있는지 살펴보자

눈으로 살펴본 주택은 비어 있을지라도 누군가 주소지를 두고 있을 수도 있다. 이런 경우 나의 대출 또는 주택 양도 시 1주택자 비과세 등 세금에서 크게 낭패를 볼 수 있다. 주민센터에서 '전입가구 열람'을 신청해서 살펴보자. 기존 매도자/세입자가 아직 주소를 안 빼고 있거나 위장 전입자가 있다면 주민센터에 신고해서 말소시키자.

3. 토지대장, 건축물 대장 확인 - 단독/다세대/다가구주택

'정부24'에서 무료로 볼 수 있다. 실제 소유자, 실제 면적과 주소가 맞는지 토지대장, 건축물 대장을 확인하자. 등기부등본과 토지/건축물 대장 양쪽의 '소유자, 면적, 주소' 등이 일치 하지 않는다면, 부동산 계약서를 쓸 때 낭패를 본다. 가령 눈으로 확인한 건물엔 205호가 붙어 있고 등기부등본에도 205호로 나와 있더라도, 건축물대장엔 205호가 없다면 매매/임대차 계약에 문제가 생긴다. 애초에 없는 부동산으로 계약했으니 기본적으론 무효다.

4. 말소된 내역도 출력해서 살펴보자

등기부등본을 출력해서 살펴볼 때 '말소된 내역'도 함께 출력해서 살펴보면, 기존 소유자들의 내역이 모두 보인다. 아래 내용이 보인다면 해당 매매/임대차 거래할 때 좀 더 신중하게, 여러 가지 살펴보면서 거래하는 것이 좋다.

- 미성년자 소유 부동산
- 2인 이상의 공동명의 부동산
- 직전에 상속, 증여 된 부동산
- 소유자가 1년에 2번 이상 바뀐 부동산
- 근저당설정과 말소(취소 줄) 잦은 반복

전월세 가이드 A to Z

"이상에서 정하지 않은 사항은 부동산 임대차 일반 관례에 따르기로 한다."

- 분쟁의 씨앗 -

살면서 적어도 한 번은 집주인(임대인)이 되거나 세입자(임차인) 경험을 한다. 그러니 전월세 계약 과정은 누구나 알아둘 필요가 있다. 대부분의 분쟁은 '상대방이 나처럼 행동하길 바랄 때' 생긴다. 서로 믿고 간다면 1장짜리 계약서로, 미래의 분쟁을 90% 이상 방지하고 싶다면 조건을 명확하게 해서 글자로 쓰자. 법으로 갈 때는 기록된 문서가 최우선이다.

집 구하기 / 집 내놓기

편안한 단계다. 집을 보러 다니는 사람과 집 내놓는 사람의 첫 만남. 혹시 당사자가 오지 않아도 이 단계에선 염려할 건 없다. 계약할 때 나타나면 된다.

임차인(세입자)	임대인(집주인)
• 내부, 외부 시설 확인 (화장실 변기 수압, 관리비/수도비 수준, 청소비 유무, 주차비, 기타 비용 등 최대한 자세하게 확인)	• 교체, 수리는 미리 완료하자 • 벽지와 창문 퀄리티에 신경쓰자 • 세입자 후보자를 체크하자(동식물 키우는지, 음악 연주자인지 등)

세입자 상식

1년 지낼지 2년 지낼지 모르겠다면 일단 1년으로 계약하자. 계약했던 1년 시점에 나가도 되고 기존 조건 그대로 1년 더 연장해도 된다. 세입자 권리다.

임대인 상식

진상 세입자를 걸러내자. 직업을 물어보면 월세 연체나 기타 문제를 일부는 막을 수 있다. 세입자의 배우자나 보호자가 너무 설치면 살짝 긴장하자. 특이한 동식물 취미가 있는지도 꼭 확인하자.

가계약(임대차 분쟁 다수 발생)

부동산 중개업자는 "일단 가계약이라도 하시고, 차후 정계약 하시죠"로 말한다. 손해 없이 취소할 수 있는 가벼운 계약인가 싶지만, 가계약도 요건을 갖추면 정식 계약과 동일하다. 예를 들어 주소, 계약금 및 입금 날짜, 잔금 및 입주 날짜가 구체적으로 명시된 경우이다.

향후 취소하려면 서로 손해를 볼 수 있다. 구체적인 입주 조건, 제한 조건을 서로 대화한 후, 만족스러울 때만 가계약을 하자. 나중에 취소할 수도 있겠다면 '취소 조건'을 꼭 넣자. (예 : ○○일 이내에 정식계약 하지 않는 경우, 위약금 없이 가계약을 취소할 수 있다.)

임차인(세입자)	임대인(집주인)
• 임대에 대한 구체적인 조건 서로 확인 (보증금, 월세, 추가 비용, 제한 사항 등) • 다가구주택의 경우 관리비, 수도비, 주차비 등 추가 비용 반드시 확인	

• 권리 확인(등기부 등본, 건축물대장 등)
  - 실소유자, 소유권, 선순위 권리 체크
  - 선순위 임대차내역 확인서(다가구주택)
  - 전입세대열람원, 확정일자 부여현황
• 시설 확인 - 난방, 전기, 전등, 화장실 등
	• 제한을 두고 싶다면 미리 언급
	하자(동물, 식물, 흡연 등)

세입자 상식

돈을 입금할 때는 반드시 임대인의 '실명 계좌'로만 입금하자. 임대인의 가족, 건물 관리자, 중개사무소 실장의 개인 통장으로 입금 요구는 거절하자.

가계약금을 주고 받았다면 주택 임대차 신고 대상이다. 하지만 현실에선 이 다음에 하게 될 정식계약 시에 신고를 한다.

주택 임대차 신고

임대차 계약서 체결일(계약서 작성일 또는 가계약 성립일) 30일 이내 신고하며 미신고시 과태료가 임대인에게 부과된다. 주민센터 또는 국토부 '부동산 거래 관리 시스템'에서 등록한다.

- **의무 대상** : 6천 이상 보증금 또는 30만 이상 월세
- **의무 지역** : 사실상 군 지역 제외하면 대부분 해당됨

정식 계약서 작성

국세 체납 여부를 확인하고, 다가구 주택이라면 '전입세대열람원, 확정일자 부여현황, 등기부등본, 토지/건축물대장'을 다시 발급해서 살펴보자. 최종 조건을 서로 확정 후 계약서를 작성하고 계약금을 입금하면 완료된다. 주소를 작성할 땐 정확한 도로명 주소로 하자.

※ 주의 : 등기부등본에는 '제509호'인데, 전입세대열람원 신청할 때 '제0509호'로 쓰면 전혀 다른 내용이 나올 수 있다. 계약서에 쓰는 주소는 '토지/건축물대장'의 주소가 기준이다. 끝자리까지 정확하게 쓰자.

임차인(세입자)	임대인(집주인)
• 서로 '본인명의 전화번호, 신분증 실명 확인' 필수[*] • 임차 중 시설 손상/고장 시 책임 주체 명확하게 정하기	

• 권리 확인(등기부 등본 재발급 등)
  - 실소유자, 소유권, 선순위 권리 체크
  - (다가구주택) 선순위 임대차내역 확인
  - 전입세대열람원, 확정일자 부여현황
• 현금 수령 영수증(계약금) 챙기기
	• 주택임대사업자라면 표준임대
	  차계약서로 작성하자
	• 현금 수령 영수증을 발급하자
	• 임대차신고를 하자

공통 상식

① 시설물 항목별로 체크리스트를 작성하고 입주하면서 확인하자. 대충 넘어가면, 나중에 임차인이 '이거 깨졌어요'라고 하면 서로 싸우게 된다.

② 향후 계약이 파기되더라도 '중개비를 낸다'는 조항을 살짝 넣는 중개업자들이 많다. 계약 파기되어 손해 막심한데 중개비까지 내면 속상하다. '계약금 이득을 본 사람만 중개비 ○○%를 낸다'로 하자.

③ 임대를 한 후에 '돈 없는 사람, 흔히 바지사장에게 소유권을 넘겨버리는 악덕 업자들이 있다. 이걸 피하고 싶다면 계약서 특약

---

[*] 대리인 계약 시 대리인의 신분증, 위임자의 신분증, 위임장, 인감증명서는 필수이며 위임한 사람에게 전화 통화(녹취)해서 위임 여부, 성명, 주민등록번호를 확인하자.

에 다음 문구를 추가하자. "임차인의 서면동의를 얻지 않은 소
유권 이전은 무효로 하며, 이 경우 보증금 반환 의무는 현 임대
인 ○○○이 진다."

세입자 상식

① 무권리자랑 임대차 계약하면 무효다. 예를 들어 분양 중인 신축
  주택은 신탁회사에 소유권이 있다. 신탁회사 허가 없이 '건축
  주, 시행사, 분양담당자'와 계약해봐야 소용없다. 물론 현실에
  선 자주 이렇게 하니까 추가 대비책이 필요하다. ○○년 ○○월
  ○○일까지 정상 임대 완료가 안 되었을 때, 누가 나의 보증금
  을 책임질 건지 쓰자. 책임지겠다는 사람이 실제 능력/재산이
  있는지도 추가로 확인하자.

② 가계약을 할 땐 아무 소리 없다가, '10만 원 이하 수리비, 퇴실
  시 청소비'는 세입자가 부담한다는 내용을 갑자기 내미는 임대
  인들이 있다. 매우 나쁜 퇴행적 관습이다. 공정하지 않으니 거
  부해도 된다.

③ 기존 대출과 나의 보증금을 모두 합해서 현 주택 시세의 60% 선
  이하라야, 나중에 전세금을 돌려받지 못하는 사태를 막을 수 있
  다. 만약 이를 넘는다면 '전세보증보험' 가입이 되는 주택인지
  미리 확인하자. (문의: HF, HUG, SGI서울보증 등)

임대인 상식

① 다가구주택인 경우, 실제 거주할 세입자의 인원수를 미리 확인해두면 수도비, 청소비 등 관리비 설정 관련 분쟁을 줄일 수 있다. (예: 우리는 1인당 수도비를 매달 00원씩 받습니다. 몇 명 거주하실 건가요?)

② 진상 세입자를 걸러낼 마지막 기회다. 혐오 동식물, 곤충, 흡연, 소음, 임대료 연체 등 임대인 입장에서 피하고 싶은 것을 최종 확인하자. 여러 채 임대 중인 다가구주택이라면 공동 관리 규약을 미리 만들어 놓으면 나중에 제재할 수 있다. (예: 흡연, 소음 등으로 인해 입주자 민원이 0회 이상 발생할 경우, OOO 한다.)

입주일(잔금 치루는 날)

임차인(세입자)	임대인(집주인)
• 기존 세입자로부터 관리비 등 정산, 영수증처리, 현관 열쇠(또는 비번) 등 주고 받기 • 이사 하면서 새로 발견한 수리할 곳, 고장 난 곳 임대인에게 최종 요구	
• 전입신고, 확정일자 부여 받기* • 현관 열쇠 또는 번호 변경 • 현금수령 영수증(잔금)을 받자	• 시설 인수인계표**를 작성해서 체크하면 더 깔끔하다 • 현금수령 영수증을 발급하자

---

* 전입신고와 확정일자를 이사하기 전까지 미리 해두자. 이사 당일에 효력이 발생된다.

** 주요 가전, 시설, 집기류에 대한 이상 유무 체크리스트(상호 간 분쟁 방지용)

입주하는 날은 세입자가 이사하느라 바쁜 날이다. 은행이나 증권사에서 잔금을 보내려는 경우, 이체 한도를 미리 늘려놓자. 이사 당일에 금융회사 오프라인 지점에 신분증을 들고 본인이 방문해야 하니 번거롭다.

전입과 동시에 하는 대출 사기 방지법

2인 이상 가구라면 해결 방법이 있다. 기존 (전세로 사는) 주소지엔 나를 그대로 놔두고, 세대원(자녀 또는 배우자) 1명만 새로 이사 갈 곳으로 3~5일 전에 '전입신고+확정일자 부여' 하면 된다. 아쉽게도 '전세로 지내는' 싱글족이라면 이 방법을 쓰지 못한다. 내가 새로운 곳으로 전입 신고를 하는 순간 기존 전세금에 대한 대항력이 상실되기 때문이다. 물론 기존 보증금 받는 데 문제가 없거나, 부모님과 살던 싱글족이라면 이렇게 '미리 전입신고+확정일자' 받아 놓으면 '동시 대출 사기'를 막을 수 있다.

세입자 상식

내 방 열쇠를 임대인도 갖고 있겠다는 경우가 있다. 단호히 거절하자. 혹시 불안하면 입주 후에 새로운 잠금장치로 변경하자. 기존 잠금장치는 차후 내 돈 들여서 원상복구 해줘야 하니 잘 보관해 두자. 만약 새로 한 잠금 장치가 기존보다 더 좋은 것(비싼)이라면 나중에 원상복구 안 해도 된다.

세입자가 잔금을 치루기 전에 짐을 먼저 주택에 넣겠다고 한다면 단호하게 거절하자. 입주 후 세입자가 잔금을 내지 않으면, 법 절차 밟아서 수개월에 걸쳐 내 돈 들여 퇴거시켜야 한다.

거주하는 동안

고장 및 수리, 주택 소유자가 변동되는 것, 만기 전에 세입자가 나가는 상황 등 다양한 경우가 있다.

1) 고장 및 손상 수리비, 누구 책임일까?
원칙1. 시설은 임대인, 소모품은 임차인 부담
• 임차인(세입자) 부담 : 소모성 전구, 건전지 등, 머리카락 등으로 하수도 막힘 등 생활형 불편
• 임대인(집주인) 부담 : 벽, 천장, 보일러, 싱크대, 빌트인 가전(냉장고, 에어컨), 출입문, 창문, 도어락, 수도꼭지, 샤워기, 조명기구 본체, 윗집과 연결하는 오배수관 막힘

원칙2. 고의나 부주의로 인한 손상은 세입자 부담
세입자 잘못이라는 점을 임대인이 증명해야 할 수도 있다. 입주 전에 인수인계 체크리스트를 작성하고 실내의 시설 사진을 미리 촬영해

두었다면 이런 갈등을 줄일 수 있다.

- 임차인(세입자) 부담 : 애완동물로 인한 벽, 바닥 손상, 현관 거울이나 싱크대 문짝 파손, 인계받은 물건의 파손 및 분실
- 임대인(집주인) 부담 : 세입자 과실로 보기에 모호한, 원인 또는 시기를 알 수 없는 손상이나 분실

원칙3. 세입자가 선량한 관리 의무를 안 했다면 세입자 부담

- 임차인(세입자) 부담 : 태풍인데 열어놓았다가 파손된 창문, 동파 방지 안 해서 망가진 수도관*
- 임대인(집주인) 부담 : 창에 테이프 붙이고 문 잠갔는데도 유리창이 파손된 경우, 물을 틀어놨는데도 동파된 수도, 보일러

세입자나 임대인 누구든 주택화재보험(담보명: 급배수시설 누출손해)에 가입해뒀다면, 100 ~ 200만 원 정도는 보험으로 처리할 수 있다. 자세한 건 보험 상품 약관 참고.

세입자 상식

① 보일러, 빌트인 냉장고 등 시설물은 정상적으로 사용하다 고장
난 것은 임대인이 고쳐줘야 한다. 임대인이 수리를 허락할 때까
지 고생하지 말고, 해당 제품 정식 AS센터에 수리를 맡기자. 혹

---

* 사진, 동영상 촬영 등으로 손해 방지를 위해 노력한 장면을 기록해놓자.

시 정식 업체가 전혀 없다면, 그때는 최선의 업체로 맡겨서 수리 후 청구하면 된다. 상세 수리비 내역서와 영수증을 받아두자.

② 벽에 못을 박거나 손상시키는 건 안 된다. 그러나 커튼을 걸기 위해 보이지 않는 곳에 최소한으로 뚫은 구멍은 시설 손상으로 보지 않는다. 찜찜하면 임대인에게 사전에 연락해서 허락을 구하자.

임대인 상식

① 빌트인 가전, 보일러, 창문, 현관문 등은 임대인의 의무인 '주택 사용권 보장'에 해당하는 항목이다. 고장 시 신속히 조치해주자. 일단 고치고 나서, 혹시 세입자 과실을 입증할 수 있다면 향후에 대응하자.

② 세입자가 닭을 키우더라도 '애완용입니다'라고 말하면, 거부나 계약해지를 할 수 없다. 그러니 임대차 계약할 때 서로 명확히 해놓자.

2) 주택의 소유자가 변동되는 상황

임차한 집이 경매로 집이 넘어가거나 새로운 소유자가 등장하는 두 가지가 있다.

(1)경매로 집이 넘어가는 상황

나의 보증금과 기존 대출이 주택 시세의 60~70% 이하면서 다른 대출보다 내가 가장 먼저(우선 순위)라면 어느 정도는 안심이다. 경매, 공매되더라도 집을 비워줄 필요 없다. 내가 원하면 후순위 권리자보다 우선하여 보증금을 변제받고 나가도 된다. 만약 보증금이 아래 소액임차인 조건에 해당한다면 다른 곳으로 이사 가지 말고, 경매 완료될 때까지 그대로 지내자. 혹시 월세를 내고 있다면 경매 완료될 때까진 기존 임대인에게 입금하면 된다. 하지만 경매, 공매는 민감한 상황이니 법률전문가에게 문의해서 미리 자문을 구하자. 대한법률구조공단에선 무료 상담도 해준다.

소액 임차인 최우선 변제 금액 (2024년 기준)

지역	임차인 보증금 기준	우선 변제금 한도
서울특별시	1억 6,500만 원 이하	5,500만 원까지
과밀억제권역, 용인, 화성, 세종, 김포	1억 4,500만 원 이하	4,800만 원까지
위 제외한 광역시, 안산, 광주, 파주, 이천, 평택	8,500만 원 이하	2,800만 원까지
기타 지역	7,500만 원 이하	2,500만 원까지

위 기준 이하의 보증금이라면 해당된다. 나보다 선순위 대출이 있는데 경매에 넘어가더라도, 이 금액만큼은 내가 먼저 받는다. 서울이라면 보증금 1억 6,500만 원 이하의 전·월세는 최대 5,500만 원까진

경매에서 먼저 받을 수 있다. 1억 5,000만 원도 해당하고, 1억 보증금에 월세 ○○만 원이어도 해당한다. 보증금 기준이다.

다만 근저당 설정 시점을 기준으로 보증금액 기준을 적용하니 주의하자. 예를 들자면 '기존 선순위 대출'이 2010년 8월 1일이라면, 그 당시 서울의 소액임차인 최우선변제 기준인 7,500만 원 이하인 경우만 해당된다. 임대차 계약할 땐 기존 저당이 설정된 날짜를 확인하자.

(2)새로운 소유자에게 집이 매매된 상황

기존 소유자 A씨에서 새로운 소유자 B씨에게 내 보증금을 돌려줄 의무가 넘어간다. 하지만 만약 새로운 소유자 B가 바지사장이거나 신용에 문제가 있을 것 같다면, 기존 임대인 A에게 '전세 뺄게요'를 선언하자. 이와 반대로 새로운 소유자 B가 채무 상환 능력(공무원, 대기업 임직원 등)이 좋거나, 나의 보증금과 기존 대출금을 합해도 주택 가액의 60% 이내라면 염려 안 해도 된다. 새로운 계약서를 쓰진 않아도 된다. 그대로 지내다가 만기일에 새로운 소유자 B로부터 보증금 받고 나가면 된다. 계약갱신권도 그대로 유효하다.

임차인(세입자)	신규 임대인 B(집주인)
• 기존 임대인 A와 통화(사실 확인) • 신규 임대인 B의 인적 사항 확보(이름, 주민등록번호, 전화번호, 주소)	• 기존 세입자들 연락처와 계약서 확인 • 세입자들에게 연락(본인 계좌 통보 등)

간혹 가짜가 진짜처럼 사기를 치기도 하니, 등기부등본을 열람해서 신규 임대인 B가 새로운 소유자인지 검증하자. 만약 월세 공제를 받고 있었다면, 새로운 임대인 B와 월세계약서를 새로 작성해야 할 수도 있다. 이땐 상황을 말하고 계약서를 새로 작성하자.

주택을 매수하면 기존 세입자와 기존 소유자가 서로 맺은 임대차계약은, 그대로 변경된 소유자(신규 임대인 B)에게 승계된다. 세입자의 만기 날짜와 계약갱신권 사용 여부를 미리 체크해서 만기 관리에 문제없도록 하자.

3) 세입자가 중간에 나가는 상황

한 번 임대차 계약을 하면 만기까진 임대인이든 세입자든 일방적으로 변경할 수는 없다. 가령 월세 계약인 경우, 세입자는 만기 이전에 다른 곳으로 이사했더라도 만기 될 때까진 월세를 계속 내야 한다. 하지만 현실에선 서로 타협해서 새로운 세입자를 구하는 중개비를 기존 세입자가 부담하는 거로 해결한다. 하지만 계약 만기가 2~3개월 정도만 남았다면 이때의 중개비는 임대인이 내는 것이 기본이다. 간혹 어떤 임대인은 계약서에 '만기 전 퇴거 시 중개비는 전액 임차인이 부담한다' 식으로 독소 조항을 넣는데, 이런 건 피하자. 가장 합리적인 건 '만기 전 퇴거 시 중개비는 임차인이 부담한다. 단, 만기 ○개월 이내라면 임대인이 부담한다.' 식으로 합의해서 계약하자.

임대 만기 6 ~ 2개월 전

현재의 임대차를 연장할 것인지 중단할 것인지 서로 확인하자. 임대인이 먼저 전화나 문자로 세입자의 의사를 확인하는 게 제일 무난하다. 세입자가 만기에 맞춰서 나가겠다고 하면 해당 내용을 문자로 보관해 두자. 이 시기의 분쟁은 상황에 따라 4가지가 있다.

1) 세입자, 임대인 모두 연장 희망 - 계약갱신권 사용 안 했었다면

임차인(세입자)	임대인(집주인)
• 계약갱신요구권을 사용하는 경우, 보증금은 5% 이내로 올려준다.	• 계약서에 '계약갱신요구권 사용한 임대차 계약임'이란 문구를 넣자.

계약갱신요구권은 임차인의 권리다. 기존 전·월세 계약을 최대 2년까지 더 연장할 수 있으며 한 번만 사용할 수 있다. 임대차 만기 6~2개월 전까지 임대인에게 요구하면 된다.

만약 보증금을 5% 초과해서 계약하면 신규 계약이 되어버린다. 이 경우 세입자에게 계약갱신요구권이 새롭게 발생한다. 임대인이 이런 걸 원치 않는다면 5% 이내로만 증액하자.

2) 세입자, 임대인 모두 연장 희망 - 계약갱신권을 사용했었다면

임차인(세입자)	임대인(집주인)
새로운 보증금을 얼마로 정할지는 임대인에게 달렸다.	
• 증액된 보증금에 대해서만 '추가 계약서'를 작성하자. • 주택의 권리 변동 점검(등기부등본 등) • '추가 계약서'로 확정일자 신청	• 내가 원하는 보증금을 요구하자

기존 임대차 계약(보증금)은 오래전 선순위 권리로, 이번에 추가로 작성한 계약(차액 보증금)은 후순위 권리가 된다.

3) 세입자는 연장 희망, 임대인은 거부 - 계약갱신권 사용 안 했었다면

임차인(세입자)	임대인(집주인)
• 계약갱신요구권 사용하겠다고 통보	• 임대인 본인 또는 직계 존비속이 실입주할 때 한해서만 거부 가능

임대인이 실거주하겠다고 계약갱신권을 거부했다면, 2년간 실거주하지 않거나 잠시 거주하는 척하다가 새로운 전·월세를 놓으면, 기존 세입자에게 손해배상을 해야 한다.

4) 세입자는 연장 희망, 임대인은 거부 - 계약갱신권을 사용했었다면

임차인(세입자)	임대인(집주인)
• 원하는 대로 보증금 올려주거나 만기 이후에 나가야 한다.	• 기존 보증금을 올리거나 새로 임차인을 받거나[*]

5) 세입자, 임대인 모두 별다른 통보 없는 경우

만약 만기 1개월 전까지 서로 아무런 통보도 하지 않았다면 이때는 자동으로 묵시적 갱신이 된다. 이런 경우 세입자가 무조건 유리해진다. 기존 조건과 동일하게 최대 2년 더 지낼 수 있고, 그 후에 계약갱신권을 쓸 수도 있다. 만기 이전일지라도, 세입자가 퇴거하겠다고 3개월 전에 통보하고 언제든 나갈 수 있다. 임대인 입장에선 매우 불리한 사항이니 주의하자.

임대 만기 전 1~2개월 이전 - 세입자의 퇴거 확정 후

임대인이 새로운 임차인을 찾는 시기다. 대체로 월세는 1개월 정도, 전세는 2개월 정도면 새로운 임차인을 구한다. 하지만 경기 상황에 따라 달라지니 약간 더 여유 있게 준비하는 것이 좋다. 임차인은 새로운 집을 찾으면 된다. 혹시 보증금이 1~3,000만 원인 월세 임차인이라면 돈 떼일 걱정은 안 해도 된다.

---

[*] 세입자가 만기 이후에 2~3개월만 더 있다가 나가길 희망하더라도, 거절하는 것이 법적으론 깔끔하다. 순박하게 연장해줬다가는 2년 갱신된 것으로 소송당할 수 있다.

1) 가장 무난한 관행적 절차

임대인이 새로운 임차인을 구할 때 만기일에 맞춰서 찾겠지만, 반드시 그 날짜가 아닌 경우가 더 많다. 현실에선 새로운 임차인 후보자가 원하는 날짜가 있는 경우, 현재 세입자에게 그 날짜에 집을 빼는 것이 가능한지 전화나 문자로 즉시 확인한다. 현재 세입자가 동의하면 새로운 임차인과 그 날짜로 계약하는데, 이 과정을 서로 문자로 남기는 것이 좋다. 그 후 곧바로 현재 세입자에게 기존 보증금의 10% 수준의 돈을 입금하는 게 관행이다. 이렇게 하면 임대인과 임차인 모두 '퇴거를 확정'한 것으로 인정된다.

2) 간혹 겪는 꼬이는 절차 - 융통성 없는 임차인

임대인과 협의하지 않고 미리 다음 집을 만기 날짜에 맞춰서 계약해버리는 임차인이 간혹 있다. 만기에 돈을 반환받을 권리가 있으니, 법적으론 문제없지만, 현실적으론 그다지 좋진 않다. 서로 꼬일 수 있기 때문이다. 임대인이 정확히 그 날짜에 맞춰서 새로운 임차인을 구하지 못하면, 새로운 곳의 계약금을 날릴 수도 있고, 이사 비용도 손해볼 수 있으며, 추가적인 피해를 보상받기 위한 추가적인 분쟁 등 서로 치를 대가가 점점 커진다. 법원과 변호사만 돈 번다. 이사 날짜는 적절한 선에서 융통성을 발휘하는 것이 서로에게 좋다.

3) 간혹 겪는 꼬이는 절차 - 막 나가는 임대인, 깡통 전세

만기 날짜가 다가오는데도 새로운 세입자가 나타나지 않을 때가 있다. 임대인이 무리하게 전세금을 높여서 내놓았거나, 매너가 나쁠 때 이런 일이 벌어진다. 만기 이전에 임차인이 할 수 있는 법적 조치는 아무것도 없다. 만기가 지나야 그때부터 법적 절차를 밟아볼 수 있다. 만기를 훌쩍 넘겼는데도 임대인이 여유/진상을 부리고 있거나, 이와 반대로 세입자가 돈을 받았는데도 안 나가면 그땐 별수 없이 법적 절차로 가야 한다. 내용 증명 보낸 후, 돈 안 주는 임대인에겐 임차권 등기명령부터, 안 나가는 세입자는 명도소송부터 시작한다. 이제 6개월 이상의 법적 절차가 시작된다.

세입자 상식

반드시 만기 날짜에 딱 맞춰서 나가야 한다면, 넉넉하게 3~4개월 전에 해당 내용을 문자나 내용증명으로 미리 임대인에게 발송하자. 혹시 여의치 않을 것 같다면, 보증금의 일부라도 입금하라고 요구하자. 물론 전액 다 받을 때까진 집을 비워주지 않아도 된다.

임대인 상식

세입자가 집을 안 보여줄 때가 있다. 세입자의 권리라서 강제할 방법이 없다. 빈집이었을 때 사진과 동영상으로 미리 촬영해두거나, 임대차 계약할 때 '부동산 중개인과 동행한 경우 임차인은 집을 보여주는 등 새로운 임차인을 구하는데 적극 협조한다'를 넣어두자.

임대 만기일

기존 세입자는 나가려고 짐 빼고, 새로 올 세입자는 트럭 앞에 서있고, 임대인은 기존 집의 손상유무를 점검하면서 새로운 세입자에게 돈 받고, 기존 세입자에게 돈 주는 등 가장 바쁘고 정신없는 날이다. 챙겨야 할 것을 미리 메모한 후 체크하면 좋다.

임차인(세입자)	임대인(집주인)
• 현재까지의 관리비, 현관 열쇠 주고받기 등 정산 • 임대보증금 주고받기 (온라인 이체가 무난)	
• 아파트, 오피스텔은 오전 일찍 관리실에 방문해서 사전 정산하자 • 장기수선충당금을 임대인에게 받자	• 기존 시설의 이상 유무를 체크하자 • 보증금 반환 후 '현금수령 확인증' 받자 • 장기수선충당금을 세입자에게 입금

세입자는 잔금을 모두 받기 전에 열쇠나 비밀번호를 임대인에게 반환하면 안 된다. 임차했던 주택의 '사용권'을 반납한 것으로 오해되어 불리해진다. 자동차 사고가 났을 때 나의 신분증을 상대방에게 줘버리는 것과 비슷하다. 사고 가해자임을 인정하는 것으로 오해된다.

MEMO

만기가 지나도 임대인이 보증금 반환을 못 하고 있으면?

경우1) 전세 시세가 그대로 또는 상승한 경우 그대로 살면 된다. 월세라면 기존처럼 월세 내며 지낸다. 만기에 맞춰 퇴거했다면 월세는 내지 않아도 된다.

경우2) 전월세 시세가 내려갔는데, 딱히 이사할 생각 없는 경우 내려간 차액만큼 지급해달라고 요청하고 그대로 지낸다.

경우3) 반드시 다른 곳으로 이사해야 할 경우
① 전세보증 보험에 가입했다면
안심이다. 만기 후에 지급 받지 못한 돈을 보증보험회사에서 받을 수 있다.
② 임대인이 선량한 경우
전세권설정을 하고 이사를 간다. 설정 비용과 이자 등 약간의 위로금은 임대인이 내는 것이 관행이다.

경우4) 임대인이 배짱/진상인 경우
만기 지난 후에 법적 절차를 밟는다. 그대로 집을 사용하면서 임차권등기명령, 지급명령신청, 전세보증금 반환소송 등을 진행한다. 대략 1년쯤 걸린다고 한다.

세입자 상식

퇴거할 때, 임대인이 시설 손상을 트집 잡으며 보증금에서 깎는 경우가 있다. 손해 청구는 주장하는 쪽(임대인)이 입증할 책임이 있다. 물론 깨진 거울처럼 임차인 과실이 뻔한 사항은 제외다.

임대인 상식

① 세입자가 만기 이후까지도 연락두절 상태거나, 보증금을 돌려

췄는데도 짐을 안 빼는 상황이라면 법적 절차 외엔 답이 없다. 함부로 짐을 빼면 불법 행위가 된다. 이런 경우를 방지하고 싶다면, 임대차 계약서 작성할 때 '보증금 반환 후 퇴거 불응'에 대한 조치를 미리 넣어두자.

② 세입자가 퇴거한 후에도 주민등록 주소를 그대로 남겨 두면 주민센터에 말소 요청하자. 만약 내가 실거주로 살게 될 집이라면, 향후 양도세 낼 때 '실거주'를 부인당할 수 있고, 신규 세입자라면 국가로부터의 복지 수급 등에 지장을 받을 수도 있다.

현실에선 분쟁이 자주 발생한다. 옳다고 생각하는 기준과 문화의 차이점, 각자의 감정, 임대차 지식의 부족함으로 인한 경우가 대부분이다. 이런 것을 줄이고 싶다면, 둘 중 한쪽이 관대하면 된다. 그럴 자신이 없다면 처음부터 서로 명확하게 정하는 것이 좋다. 임대차 계약서를 작성할 때 서로 피하고 싶거나 꼭 넣고 싶은 내용을 각자 요구 & 협의 후 쓰자. 물론 "계약갱신권을 사용하지 않는다", "전입신고 안 한다" 등 법을 초월해서 쓴 내용은 당연 무효겠지만, 대부분 내용은 서로 협의하면 된다. 사적자치의 원칙이라고도 하는데 이런 점 때문에 사회 초년생의 경우, 부동산 중개업소의 분위기에 휩쓸려 불리한 계약서에 사인해서 피해를 보는 일이 많다. 반드시 부동산 계약 경험 많은 분과 동행하자. 지자체의 서비스를 활용해도 좋다. 가령 2023년 기준, 서울시에선 1인 가구의 부동산 계약에 대한 계약서 검토, 전문가 동행 등 지원 사업을 하고 있다.

아울러 이번 기회에 '계약서'에 대한 인식을 바꿔보자. 계약서는 서로의 까칠함을 드러내는 과정이 아니라, 향후 분쟁을 막기 위해 '미리 배려'하는 절차로 보는 게 맞다. 애매하게 관행에 따른다거나 모호한 표현은 분쟁의 씨앗이 된다.

선순위 근저당 있는 집에 세입자로 들어가야 할 때

1. 월세인 경우(가령 보증금이 1,000만 원인 경우)
대체로 걱정할 것은 없다. 혹시 경매로 넘어가더라도 소액보증금 최우선변제가 있으니, 실제로 거주하고 있다면 내 보증금을 날릴 가능성이 낮다.

2. 전세인 경우
기존 '선순위' 근저당 금액과 내 보증금을 합해서, 주택 시세의 60~70% 이하일 때가 안전 범위다. 만약 내 보증금보다 빠른 선순위 대출이 없다면, 그땐 내 보증금이 60~70% 이내라면 안심이다. 이 비율은 시기별, 지역별, 주택 종류별(아파트, 빌라 등)로 차이가 있다. 만약 이 비율보다 높은 전세보증금으로 계약해야 한다면, 전세보증보험 가입하거나 월세와 전세보증금을 반반 섞는 반전세로 해서 낮추거나, 다른 곳의 전세를 알아보자.

전세보증금을 지켜주는 방법과 법률 상식

전세보증금이 주택의 시세보다 넉넉하게 아래쪽에 있다면 '전입신고+점유+확정일자' 정도로도 내 돈을 안전하게 지킬 수 있다. 그 외의 경우라면 아래 4가지를 기억해두자.

1. 세입자 전입과 동시에 하는 대출 방지하고 싶다면
잔금 지급 일자 3~5일 전에 '전입신고+확정일자'를 받아두고, 잔금 치르기 전에 등기부등본을 다시 확인해서, 그사이에 새로운 근저당이 설정되었는지 확인하자.

2. 깡통 전세 후 바지 사장에게 넘기는 사기를 방지하고 싶다면
정상적인 신용을 가진 사람과 임대차 계약을 하자. 아울러 임대차 계약서에 반드시 '임차인 서면 동의를 받지 않은 소유권 이전은 무효이며, 이 경우 임대인 OOO이 보증금 반환 의무를 진다'는 내용을 넣자.

3. 주택 시세 대비 보증금이 너무 높은 비율이라면
도시형생활주택이나 오피스텔의 전세보증금은 60~70%를 훌쩍 넘기는 경우가 많다. 그렇다고 거부하면 다른 오피스텔도 똑같으니, 이런 경우라면 '전세보증보험' 가입이 되는지 먼저 확인하고, 잔금을 치르면서 전세보증보험에 가입하자. 사고 나면 믿을 건 보험 밖에 없다.

4. 임대인이 법인이거나, 신탁회사가 설정되어 있다면
이땐 부동산 중개업자만 믿고 거래하면 큰코다칠 수 있다. '반드시' 부동산 임대차 전문가와 법률적인 내용, 권리 분석 후 임대차 계약을 하자. 참고로 법인은 숨겨진 우발 채무(직원들 인건비 체납 등) 리스크, 신탁회사가 등재된 상태라면 '등기부등본'상 소유자에겐 권리가 없으므로 소유자 본인과 계약하면 무효가 된다.

법률 상식1. 지내는 동안 주소는 '절대로' 빼지 말자
잠시라도 다른 곳으로 '단지 주소만 이전했다 다시 컴백해도' 차질이 생긴다. 나보다 늦게 설정된 근저당들이 있을 경우가 그렇다. 이 경우

후순위 근저당들이 선순위였던 나의 보증금보다 먼저 순서로 바뀌어 버린다. 나의 보증금 대항력의 기준 날짜가 '새로 전입 신고한 날짜'로 변경되기 때문이다. 임대인이 그사이에 대출하면 내 보증금은 위험해진다.

법률 상식2. 전세권설정

임차한 주택에 살지 않거나 '다른 곳에 주소'를 두어야 할 때 유용하다. 전세보증보험조차도 내가 임차한 곳에 살지 않으면 무용지물이라서, 이런 경우라면 전세권설정이 유일한 대안이 된다. 가령 엄마가 부산에 주소를 그대로 둘 수밖에 없는 상황인데, 서울에서 지낼 딸을 위해 엄마 명의로 전세 계약을 해야 한다면, 전세권설정이 대안이 된다. 비용은 전세금의 0.24% 수준이며 등기소에서 한다.

물론 이 경우라면 아래 두 가지 방법으로 '주소 이전+점유+확정일자'로도 보증금을 지킬 수 있긴 하다.

방법 1. 딸에게 돈을 주고, 딸이 임대인과 전세 계약 후 '주소 이전+점유+확정일자'

방법 2. 엄마가 임대인과 전세 계약하면서 '전전대를 허용한다'는 문구를 넣고, 그 후 엄마와 딸이 '전세계약서 작성', 그 후 딸이 '주소 이전+점유+확정일자'

하지만 1번의 경우에는 증여세의 문제가 있고, 2번의 경우에는 엄마가 다주택자로서의 세법상 불이익을 겪을 수 있다. 세법에선 전전대를 하면 임차인일지라도 1주택을 가진 것으로 보기 때문이다.

갑자기 돈이 필요할 때

회사를 옮기거나 실직할 때 등 소득이 감소하거나 급하게 목돈이 필요할 때가 있다. 흔히 보험부터 정리하려고 하던데, 엉뚱한 것부터 정리하면 손해만 커진다. 아래 순서대로 지출을 조절하거나 돈을 빼내면 그나마 덜 손해를 보면서 대처할 수 있다. 이직, 전직, 퇴사로 '1년 ~1.5년' 이내 정도로 소득이 감소할 때 아래 내용을 참고하자.

월간 지출을 낮추고 싶다면

1) 연금저축, IRP, ISA, 적립식 펀드, 적금
가장 부담 없이 월간 지출액을 낮춰볼 수 있는 금융 상품들이다.

항목	월간 조절	내가 치룰 대가
연금저축, IRP, ISA 펀드 자동이체 중단	0원	
적금 자동이체 중단	0원	낮은 이자율

2) 저축 보험(금리형, 투자형 모두)

보험은 중간에 해약하면 손해다. 미래의 혜택을 위해서라도 가급적 유지하자. 아래 방법을 순서대로 고려한다. 1~5까지 번호를 매겼다. 숫자가 작을수록 치룰 대가가 적다.

항목	월간 조절	내가 치룰 대가
1. 납입 유예 신청(최대 3년)	0원 (최대 3년)	납입 기간 연장
2. 중도 인출 후 납입*		환급금 감소
3. 자동이체 중단**	0원 (최대 2년)	복구할 때 목돈
4. 부분 감액(부분 해약)	감액된 보험료	혜택 감소
5. 전액 해약	0원	보험 상실

3) 보장성 보험

보장성 보험은 해약하면 손해, 사고 시 보장을 못 받는다. 그러니

---

* 남은 의무 납입 기간이 1~2년 이내일 때, 1년 이내로 소득이 감소된 상황일 때 활용하면 좋다. 내 돈을 보험에서 꺼내어 그 돈으로 보험료를 낸다.

** 오래전에 가입한 개인연금보험일 때 활용. 실효 후 환급금을 찾지 말고 그대로 둔다. 2년 이내에 부활 신청할 때, 그동안 안 냈던 돈과 소정의 이자를 낸다. 예전 경험생명표 혜택 그대로 복구할 수 있다.

가급적 유지하고, 정 안 되면 의료실비 등 최소한의 보험이라도 남기자.

항목	월간 조절	내가 치룰 대가
1. 납입 유예 신청(최대 3년)	0원 (최대 3년)	납입 기간 연장
2. 중도 인출 후 보험료 납입		환급금 감소
3. 자동 대체 납입 신청*	0원	환급금 감소
4. 부분 해약(보험료 감소)	감액	보장 감소
5. 자동이체 중단**	0원	혜택 중단 복구할 때 목돈
6. 전액 해약	0원	보험 상실

급하게 목돈이 필요하다면

이사하거나 자녀 대학교 등록금 등 일시적으로 목돈이 필요할 때가 있다. 아래 방법을 순서대로 고려한다. 1~3으로 번호를 매겼다. 숫자가 작을수록 치를 대가가 적다.

---

* 대략 1년 정도 가능하다. 어느 정도 적립금(내 돈)이 쌓이는, 가입 후 4~5년 후부터 써볼 수 있다. 대출해서 내 보험료를 내는 방식이다. 1년 이내에 다시 정상 납입 가능할 때만 선택하자. 1년 넘으면 돈이 모두 바닥나고, 결국 0원이 되어 보험이 소멸될 수 있다.

** 적어도 2년 이내에 내 소득이 정상화 가능할 때 선택한다. 실효 기간 동안은 보장을 받지 못한다.

항목	설 명	내가 치룰 대가
저축성 보험	1. 추납한 보험료 중도 인출	
	2. 기본 보험료 중도 인출	환급금 감소
	3. 부분 해약	혜택 감소
	3. 전액 해약	보험 상실
보장성 보험	1. 추납 보험료 중도 인출	
	1. 적립 보험료 낮추기	
	2. 기본 보험료 중도 인출	환급금 감소
	3. 부분 해약, 불필요 특약 해약	보장 감소
	3. 전액 해약	보험 상실
연금저축	1. 세액공제 받지 않은 돈, 부분 해약	
	3. 세액공제 받은 돈, 수익금 인출	16.5% 세금
IRP (전액 해약)	1. 세액공제 안 받은 돈	
	2. 퇴직원금	퇴직소득세
	3. 늘어난 수익금, 세액공제 받은 돈	16.5% 세금
ISA	1. 입금했던 원금	
	1. 전액 해약(수익이 없는 경우)	
	2. 전액 해약(수익이 난 경우)	15.4% 세금
ELS, ELD	2. 중도 환매 요청	때론 원금 손실
랩어카운트	1. 환매 요청	
적립식 펀드	1. 환매 요청	
예,적금	1. 가입 후 3/4 경과, 담보대출	대출 이자*
	1. 가입 후 1/2 이내, 해약신청	낮은 이자
청약통장	1. 가입 후 5년 초과(소득공제 신청)	
	1. 가입했지만 소득공제 미신청 시	
	2. 가입 후 5년 이내(소득공제 신청)	6.6% 페널티
	3. 가입 후 10년 이상 & 무주택자	청약기회 상실
기타	1. 주식, ETF 등 투자 자산	

* 약관 대출로 자금 활용, 상품은 만기까지 유지

보험, 중도인출과 약관대출은 결과가 달라진다?

내 돈을 꺼내더라도 갚을 의무가 없는 것이 중도인출. 내 돈이지만 빌렸다가 이자와 함께 원금을 갚아야 하는 의무가 있는 것이 약관대출이다. 어떤 보험 상품은 추가 납입 수수료가 0원인 경우도 있다. 이런 경우라면 약관대출보다 중도인출이 낫다. 이자 부담이 없고, 추납 수수료가 없으니 내가 감당할 페널티가 없다.

투자 중·고수들은 주가 하락기가 올 것으로 판단되면, 중도인출/약관대출을 해서 그 돈으로 부동산에 투자하기도 한다. 주식과 부동산 사이클이 다른 점을 활용한 재테크다.

이혼하게 될 때

일반적인 주식과 금융 자산은 '한 번에 매도해서 현금화'한 후 서로가 약속한 비율로 나누는 것이 가장 간편하다. 그러나 특별한 금융 상품, 보험 그리고 부동산은 신중해야 한다. 보험은 해약하면 손해가, 부동산은 잘못 넘기면 세금만 몽땅 낼 수도 있다.

1) 특별한 기능성 금융 상품

대상: 연금저축, IRP, ISA, 청약통장, 개인연금보험

해약하면 페널티가 있고, 고유 기능이 사라지니 서로 이득 될 게 없다. 이런 상품들은 각자 명의로 갖고 가자. 평가는 총 불입금과 현

재 적립금 중 높은 금액으로 하면 된다. 연금저축이나 ISA에서 손해 없이 인출 가능한 돈을 일부 꺼내 서로 맞춰도 된다.

2) 보장성 보험 상품

- 적립금과 납입한 원금 중 높은 쪽으로 평가
- 현금 필요할 때 중도인출, 잠시 필요한 건 약관대출로.
- 갖고 갈 사람으로 계약자, 수익자 변경(차후 상대방과 보험사 창구에서 만나기 싫다면)

MEMO

보험 수익자 지정 시 알아 둘 것

미성년 자녀를 수익자로 지정(or 법정상속인) 하면, 이혼 후 원치 않는 결과가 나올 수 있다. 사망 보험금의 경우, 미성년 자녀에게 지급되지 않고 헤어진 배우자가 취득하게 된다. 친권자이기 때문이다. 결국 수익자를 이혼한 배우자로 지정한 셈이다.

만약 이런 것을 원치 않는다면, 수익자 지정할 때 미성년자녀나 법정상속인으로 하지 말고, 믿을만한 형제자매 또는 부모로 지정하는 걸 고려하자.

3) 주택 한 채만 있는 경우

A 50%, B 50% 이렇게 공동명의 상태로 이혼하면 향후 복잡해진다. 만약 A가 본인 지분을 제3자 C에게 매도하면, B에게 해당 주택은

애물단지가 된다. 공동명의 부동산은 전원 100% 동의가 있어야 매도할 수 있다. 전·월세 놓으려고 해도 과반수이상 지분이 필요한데, 50%는 과반수가 아니라서 못한다. 만약 B가 가진 주택이 이거 딱 하나뿐이라면, C도 거주할 권리가 있으므로 B는 낯선 사람 C와 이 집에 살아야 한다. 현금 융통이 모두 막히니, 결국엔 해당 주택을 상대방 C에게 저가에 매도할 수밖에 없다. 투자 고수라면 모를까 공동명의인 주택을 1/2만 사겠다는 제3자는 거의 없다. 이 사례에서 C는 대개 악의적인 사냥꾼일 가능성이 크다.

호황기라면 주택을 매도해서 현금으로 나누고, 기타 경우라면 전세를 내서 한쪽은 소유자로 다른 한쪽은 현금으로 가져가는 것이 가장 무난하다.

4) 어느 한쪽으로 부동산을 이전할 때

소유권을 넘기는 과정에서의 양도세, 취득세 그리고 향후 양도세, 장기보유특별공제 부분을 고려해야 한다.

세금에 영향을 주는 기본적인 변수는 이렇다.

- 부부간 증여 : 6억 한도 증여공제 활용
- 위자료 : 현재 시세로 넘기는 효과
- 재산분할 : 혼인 후 취득한 부동산만 가능, 과거 구입했던 매입가로 넘기는 효과가 있음
- 각자 소유한/소유할 부동산 : 이혼 전, 후 기준으로 각자의 부동

산 수량 및 가액

흔히 알려진 세테크는 이렇다.
- 양도차익 크거나 공시지가 비율 낮을 때
  → 이혼 전에 6억 한도 무상 증여로 이전
- 이전할 배우자가 비과세 조건이 가능할 때
  → 위자료 형식으로 이전
- 이전받을 배우자가 비과세 조건이 가능할 때
  → 재산분할 형식으로 이전

다만 넘겨받는 상대방의 미래 상태에 따라 세법 득실이 달라진다. 1주택자인지, 다주택자가 되는지, 10년 이상 장기보유 할지, 이혼 후 1~2년 이내에 매도할 것인지 등.

5) 더 알아두면 좋은 것들

이혼 후에도 서로 같은 주소지에 거주하면서 부동산을 각자 소유하는 경우, 국세청으로부터 불필요한 오해를 받을 수 있다. 부동산 양도세 탈루를 위한 위장 이혼으로 보기 때문이다.

부부간 증여로 넘겼다면, 소유권 이전 후 10년 이내 매도 시 양도세가 불리할 수 있다.

알아두면 쏠쏠한 복합 재테크

부동산 대출할 때 정기보험 가입

어떤 대출도 돈을 빌렸던 사람보다 오래 남으면 안 된다. 남은 가족이 대출 상환 때문에 고통을 겪고 부득이하게 살던 집에서 나가야 한다. 이런 상황을 가족에게 물려주고 싶지 않다면 대출과 동시에 정기보험에 가입하면 된다. 정기보험은 종신보험보다 1/4~1/5 수준으로 저렴하니 부담은 크지 않은 편이다. 은행에 따라선 아예 이런 보험 상품을 대출과 병행해서 판매하기도 한다.

예) 1억 이상 대출 시

10년 이상 보장하는 사망보험금 1억 이상의 정기보험 가입

특약으로 '재해 상해'를 가입해두면 더 좋다. 내가 장해를 겪는 상황이 되더라도 일정 금액을 받을 수 있다.

개인연금보험 가입 베스트 코스

흔히 절반은 개인연금보험에 가입하고 나머지 절반은 추납하는데, 아래 방법도 있으니 이참에 고려해 보자. 향후 연금 받는 자격은 그대로 확보하면서, 자유롭게 재테크해서 수익을 내 내볼 수 있는 두 가지 장점을 모두 얻을 수 있다. 월 100만 원 기준으로 설명하니, 나의 수준에 맞게 조절하자.

1) 생각한 금액의 절반만 개인연금보험에 가입
방법 : 월 50만 원, 20~30년 납[*], 70세 연금 개시로 선택[**]

2) 나머지 절반은 아래 3가지 중 내 취향으로 재테크
1안) 단기간에 2~3,000만 원 모아서 소액 부동산 투자로 반복
2안) 연금저축펀드/IRP 가입해서 연말정산 세액공제+자산증식
3안) 주식, ETF 등에 적립식으로 투자

---

[*]   가입 후 의무 납입 기간을 조절할 수 있는 상품이 좋다.
[**]   연금개시 나이를 당기거나 늦추는 것 모두 가능한 상품이 좋다.

3) 취향별로 재테크 해서 모은 돈을 개인연금보험에 추납[*]

1안) 부동산 월세 받는 돈을 매달 추납(또는 나중에 부동산 팔아서 한 번에 추납)

2안) 55세부터 10년간 매달 수령하면서 추납

3안) 위 1안처럼 한 번에 또는 매달 추납

3년 후 나도 오피스텔 주인, ISA 재테크 프로젝트

ISA 만기 3년이라는 기한이 주는 마감 효과를 활용하는 테크닉이다. 반드시 오피스텔로 하지 않아도 된다. 다만 오피스텔로 하면 주택청약 자격에 지장이 없으니 무주택을 유지해야 하는 재테크족에게 좋다.

1단계(첫날) : ISA - 중개형 개설
- 모바일로 개설 후 매달 100만 원씩 자금 이체
- 하위 펀드와 주식 고르기

  주식 : 관심주 중에서 선택 월 20만 원 자동매수

  ETF : 미국 등 해외 ETF월 30만 원 자동매수

  펀드 : 전기차, 배터리 등 월 30만 원 자동매수

  중국 등 해외 월 20만 원 자동매수

---

[*] 추납 한도가 계속 누적되는 이월 방식 상품이 좋다.

2단계(~2년 6개월) : 상황에 따라 월간 금액의 3~5배수 금액 추가 불입

예) • 15% 이상 시 1회

• 25~30% 이상 시 1회 등

3단계(2년 6개월~3년) : 오피스텔 현장 임장 활동

- 부동산 앱으로 원하는 지역 평균 시세 확인
- 동산중개업소 3곳 이상 다녀보며 최종 분위기 파악(2곳은 비슷한 지역, 1곳은 멀리 떨어져 있는 지역으로 비교 방문)

4단계(3년~) : ISA 정리 & 오피스텔 매수

- 만기 10~15일 전까지 모든 하위 펀드 매도
- 좋은 물건을 가진 부동산 중개사무실에 방문, 오피스텔 결정
- 계약서 작성 및 취득세 신고 (셀프 또는 법무사, 오피스텔이라면 공동주택이니, 셀프 신고에 도전해 보자.)

100세 시대, 3대가 받는 연금

돈의 규모가 1~2억 이상으로 큰 경우 하는 테크닉이다. 아래 내용으로 개인연금보험에 가입한다.

계:조부모, 피:손자녀, 수:조부모

1차. 조부모의 연금

조부모가 연금을 받는다. (연금 개시 전 인출도 OK)

2차. 부모의 연금

조부모님이 돌아가시면, 그 후 계약자와 수익자를 부모로 바꾼다. *

그 후 부모가 연금을 수령한다. (연금 개시 전 인출도 OK)

3차. 손자녀의 연금

부모가 돌아가시면, 계약자와 수익자를 손자녀로 바꾼다. **

그 후 손자녀가 연금을 수령한다.

이렇게 하면 3대가 연금을 받는 시스템이 된다. 다만 손자녀가 중간에 사망하면 3대 연금 시스템이 깨진다. 이를 보완하려면 손자녀가 종신보험에 가입하면 해결된다. 중간에 사망하지 않고 조부모, 부모보다 오래 살게 되면, 종신보험에 쌓인 적립금을 활용해서 손자녀의 노후에 보태거나, 손자녀의 미래의 아들딸을 위해 그대로 둬도 된다. 이 경우 손자녀의 미래 아들딸에게 상속세 재원을 마련해줄 수 있다.

---

* 젠더 평등을 위해 '할아버지, 아버지, 아들' 이런 식으로 쓰지 않았다. 덕분에 용어가 남녀가 섞인 한자다. 양해 바란다.

** 사후 계약자 변경 시 상속세를 낸다. 현금 상속보다 낮은 편이다.

만약 활용할 수 있는 목돈이 수억 원으로 높으면, 월세 부동산을 사서 손자녀에게 증여 후 위 연금에 적립식으로 납입하는 것도 좋다. 아예 가족 법인도 있다. 무한 연금 시스템으로 만들 수 있는 패밀리 재테크 시스템인데, 이건 세금, 재무, 법률 전문가들과 상의하자.

재테크 사례 ①

중상층 부모님을 둔 싱글족 A씨(36세), 최근 들어 걱정이 생겼다. 부모님 집에 계속 거주하다 보니, 남들은 집이 있는데 나는 아직 없다. 월 소득 500만 원, 소비는 최대한 줄여도 200만 원, 부모님 용돈 드리거나 가족 식사로 월 100만 원 정도 더 쓴다. 나머지를 저축 중이다. 나의 재테크는 잘하는 건가?

FACT

1. 본인 국민연금 65세부터 120만 원 나올 것으로 통지 받음

2. 미국 주식 애플, 웰스파고 등 15종 3,000만 원 + 예·적금 1억 원

3. 연금저축계좌에 1억 2,000만 원(펀드 8,000만 원, ETF 4,000만 원)

4. 강남 APT 시세 19~25억 원 증여 예상 (예상 세금: 약 6억 원)

부모님의 증여 실행은 언제 올지 모르는 미래 변수일 뿐 확정은 아니다. 내 선에서 할 수 있는 2030 재테크에 집중하자. 싱글로 살겠다고 결심했으니 추가 소득 만들기는 필수다. 우선 월 200만 원 부수입을 만들어보자.

1. 국민연금은 약 70% 수준인 80~100만 원만 기대하자. 향후 감소될 변수가 많다.

2. 미국 주식 직접투자보다 국내 상장 해외 ETF로 미국에 투자하면 절세와 업무 집중 두 가지가 좋아진다. 대형 기술주인 FAANG과 동남아 국가 ETF/펀드에 5:5로 분할 투자하자. 배분 비율은 시장 상황, 나의 투자 근육을 고려해서 정한다.

3. 퇴직금과 예금을 정리 후 수익형 부동산 매수, 월세 160~200만 원 만들자. 여기에 월 소득의 잉여금 200만 원을 합해서 총 400만 원으로 공격적 투자를 하자. G2 국가 및 유럽 럭셔리 주식/ETF에 40% 비중, 전기차 배터리에 30%, 인도/베트남/인도네시아에 30% 비중을 추천한다.

재테크 사례 ②

강남에 24평 APT 한 채를 갖고 있는 A 씨는 55세가 되면서 고민이 생겼다. 주거비 상승으로 인해, 사회 초년생 24세 딸이 안정된 삶을 살 수 있을지 걱정이다. 물론 본인 노후도 고민된다. 이 두 가지를 어떻게 해결하는 것이 좋을까?

FACT

1. 국민연금 본인 90만 원, 배우자 30만 원 64~65세부터 예상

2. 개인연금보험 총액 1억 5,000만 원 가입 중

3. 강남 APT 시세 19~21억 원(2004년 5억 원대 구입, 보증금 1억 원,

월세 300만 원)

4. 전세보증금 6억 원(강북 소재, 20년 차 아파트)

5. 본인 자영업 소득 월 500~900만 원, 들쭉날쭉

세대 분리를 서두르고, 강남 낮은 월세를 변경하는 것이 핵심이다.

1. 강남 아파트 매도 후, 차익형 부동산 10억 + 수익형 부동산 10억
   분배
2. 차익형은 전세 끼고 15~18억짜리로 성수동, 마포 지역을 추천
   한다. 예산을 더 줄이고 싶다면 강북 미아사거리, 7호선 군자역
   하단지역 추천한다. 이 경우 자녀에게 3억 정도 현금 증여할 여
   력이 나오니 세대 분리까지 마치자.
3. 수익형 부동산은 삼성동과 용산 그리고 마곡지구를 추천한다.

재테크 사례 ③

경기도 성남시 ○○○동에 사는 50세 동갑 부부. 어린 자녀가 2명
있다. 향후 소득이 없을 때의 자녀 교육비를 어떻게 준비할지, 주택임
대사업자를 향후 그대로 유지할지 고민이다. 부부 각각 900만 원을
연금저축, IRP에 불입하는 것을 고려하고 있다.

FACT

1. 자산은 아파트1(12억 원), 아파트2(5억 원), 예금 5억, 미국 주식

3,000만 원

2. 부채는 월세 보증금 2,000만 원, 마이너스 통장

3. 수입은 남편 600만 원, 아내 460만 원, 임대료 120만 원

4. 지출은 생활비 450만 원, 교육비 140만 원, 보험료 60만 원, 적금

450만 원

1. 투자 중인 주택은 향후 주임사 만료 시점에 세제 혜택 받고 매도

2. 거주하는 주택은 향후 서울 동남권(송파권)의 확장 덕분에 계속
유망

3. 예금 5억을 수익형 부동산 4억, 배당형 주식 1억으로 분배해서
소득을 만들자. 부동산은 서울 성수동 및 삼성동의 일반사업자
용 오피스텔로 추천(예상 기대 수입 = 3,000~4,000만 원 ÷ 연, 향후 자녀 교
육비 충분하다)

4. 부부 각자 ISA 개설하되, 아내 명의의 ISA(서민형)를 먼저 활용

5. 아내는 개인연금보험에 70만 원, 남편은 연금저축펀드에 30만
원 불입

부록

·

MZ세대의 FAQ
"재테크! 이것이 궁금해"

MZ세대의 FAQ
재테크! 이것이 궁금해

Q 포트폴리오 투자를 하면 빨리 부자가 될 수 있는가?

A 아니다. 순식간에 쪽박 차는 것을 막는 효과가 더 크다. 투자 대상과 시기별로 리스크를 분산시키는 것이 포트폴리오 원칙인데, 결국 '은행 금리+알파' 정도의 기대 수익률 정도다. 빨리 부자가 되고 싶다면 고수익, 집중투자가 정답이다. 물론 실패하면 뒷감당은 내 몫이다.

Q 세대주 분리는 빠를수록 재테크에 좋다는데?

A 정답이다. 주택청약 자격은 물론 소소한 연말정산 혜택, 구직 등 복지제도, 취득세 양도세 산정 기준 등에서 혜택 차이가 크다. 대한민국 부동산 정책은 어떤 정권이 들어서든 세대주에게 유리한 쪽으로 갈 수밖에 없다. 정부는 세대주를 투기꾼이 아닌 주택이 반드시 필요

한 실수요자로 보기 때문이다. 만 30세 이상이거나 혼인(이혼포함)했거나 중위소득 40% 이상 소득자(2023년 기준 월 831,157원) 중 하나를 충족하고, 독립된 주소지에 거주하면 된다. 세법상으론 실제 거주를, 청약할 땐 주민등록상 등록이 관건이 된다.

Q 사회 초년기 싱글일 때 어떤 재테크가 좋을까?

A 주거 해결과 나의 재테크 적성 발견하기 등 두 가지를 달성해보자. 주거를 위한 목돈을 만들 때까지 2~3년 만기의 단기 재테크에 50~60% 이상 비중, 나머진 다양한 재테크 경험과 다가올 미래를 위한 자금에 투입하자. 내 적성에 맞는 재테크 분야는 이 과정에서 알게 된다. 가능하다면 현재 직업과 관련된 자기계발비로 5~10% 고정 지출하자.

Q 프리랜서라 소득이 불규칙하다. 어떻게 재테크를 해야 할까?

A 만약 직장인처럼 정기적으로 재테크를 하고 싶다면 평균소득을 구한 후 예산을 짠다. 1~12월까지 소득 중에 가장 높은 달과 낮은 달 2개씩 빼고, 나머지 8개월의 평균소득을 낸다. 이 평균소득을 기준으로 생활비 및 '고정적인 납입 방식의 재테크'를 하고, 이를 초과한 소득이 있을 경우는 납입이 자유로운 '변동 재테크'를 하면 된다.

Q 2030 시절에 돈 모으는 가장 좋은 방법은?

A 구체적인 목표를 세우고, 매달 (기분이 아닌) 고정적으로 지출하는 습관을 들이는 것이 좋다. "○년 이내 ○○만 원 만들기"처럼 기간과

목표 금액을 구체적으로 정하고 실천하자. 목표 달성에 성공하면 나에게 주는 보상도 반드시 하자. 사람의 뇌는 즉각적인 성과 보상을 해주면 행동력이 더 강화된다. 이제부터 나의 뇌를 잘 달래보자.

Q 남들보다 재테크가 뒤처지는 것 같다. 뭘 더 해야 할까?

A 실망하지 말고 나의 투자 근육을 만드는 것에 집중하자. 2030 시절에 투자하는 돈은 5060 시절의 자금에 비해 규모가 작아서 얻는 성과도 작다. 이 시기에 얻어야 할 진짜 성과는, 투자 성과보단 투자 근육이 더 우선이다. 부동산 갭투자처럼 무거운 것부터 하려고 하면 다치니까 만만한 투자부터 지속적으로 반복하자. 3~5년 이상 계속하다 보면 뭔가 느껴진다.

Q 1~2년 이내에 결혼할 계획인데 어떤 식으로 재테크를 해야 하나?

A 결혼 이후에도 여전히 돈은 필요하다. 여행비, 촬영 예식비, 주거비 등 결혼자금 마련에 70% 비중을 두고 예·적금 위주로 모으고, 나머지 20~30% 비중은 결혼 이후에 만기가 되는 재테크 아이템으로 구성하되 투자형 재테크로 펼쳐보자. 아마도 이 자금은 나중에 자녀 출산 전후의 소득 감소기에 요긴하게 쓰일 것이다. 출산 후 엄마의 건강 회복에도 좋다.

Q 결혼 후 부부 각자 vs 합해서 재테크, 어느 쪽이 좋은가?

A 할 수만 있다면 합치는 것이 좋지만, 각자 재테크를 하더라도 매

년 1~2번 정도의 정보공유 시기를 둔다면 둘 다 무난하다고 본다. 각자 삶의 패턴을 존중하는 것처럼 재테크 특성도 존중해주면 된다. 만약 한 사람으로 통합하기로 했다면, 이 책을 가장 잘 이해하는 사람에게 돈 관리를 맡겨보자.

Q 월세 받는 부동산으로 오피스텔 vs 소형 빌라 어느 쪽이 나은가?

A 시세가 덜 오르더라도 깔끔한 세입자 관리를 원한다면 오피스텔, 장기적인 버티기도 하면서 월세를 받고 싶다면 소형 빌라투자가 낫다. 둘 다 아파트에 비해선 잘 안 팔리지만, 장기적으로 가면 월세 소득이 있으니 보통 수준은 된다. 오피스텔은 역세권/직세권으로, 소형 빌라는 방의 개수에 따라 입지 기준이 달라지니 참고하자.

Q 나중에 창업하려면 돈이 얼마나 필요한가?

A 창업 후 최소 6개월 정도 먹고 살 돈과 창업비용 두 가지가 필요하다. 창업비용은 중저가 브랜드 커피 전문점의 경우 7~9,000만 원이 필요하다고 한다. 인테리어비 4,000만 원, 집기 3,000만 원, 가맹비/초도물품비/ 교육비도 1~2,000만 원이다. 상가 임차 비용은 지역이나 상권 등급별로 천차만별인데, 월세 200만 원짜리인 경우 필요한 보증금은 10~20배 정도니까 대략 2~4,000만 원이 필요하다. 창업 후 6개월 이상의 소득 공백기를 위한 자금 규모는 나의 생활비 규모에 따라 달라진다.

아빠가 재테크 관련 일을 하시는 것에 무색하게 제가 제일 싫어하는 과목은 경제였습니다. 그런데도 아빠의 딸인지라 다섯 살 때 대출을 배웠죠. 대출이란 은행에서 돈을 빌리는 게 아니라 미래에 올 내 소득을 당겨서 쓰는 것이라고요. 놀라던 아빠의 팀원들 표정이 지금도 재밌게 생각납니다. 이건 저의 비밀이지만 아빠의 차에 타서 아빠가 재테크와 관련된 이야기를 하실 때면 대부분 잡생각에 빠져 있는 상태였어요. 무슨 이야기인지 이해할 수가 없어서요. 그때 자세히 질문하며 기본 지식을 다져놓지 않은 것을 얼마 전 수능을 준비하며 국어 영역의 경제 관련 지문을 볼 때 약간 후회했었고, 20대에 접어드는 지금에선 자본주의 사회에 대해 전혀 모른다는 막막함에 좀 더 후회했습니다. 아빠가 재테크 책을 쓰신다는 소식을 들었을 때 가장 기뻤던 사람은 아마 저였을 거예요. 당장 사회로 나갈 수 없는 위치에서 아빠가 몇 번 해주시는 이야기만으로 대략적인 체계를 파악하기에는 한계가 있었기 때문이었어요. 언젠가 사회로 나가 활발히 경제 활동을 할 때 참고할 수 있는 서적이 있다는 것이 제 마음을 든든히 해줬죠.

한창 사회생활 중인 주변의 사람들을 보면 재테크에 뛰어들고 있는 분들이 많이 보입니다. 특히 사회로 먼저 나간 선배들이 대부분 주식투자에 발을 담그고 있으시더라고요. 저보다 사회 경험이 많고 한창 경제 활동을 하는 분들이라 해도, 재테크 관련 지식이 탄탄하게 잡혀 있는 분이라는 느낌을 받은 적은 드뭅니다. 아빠에게 몇 개 주워들은 지식만으로도 알 수 있었어요. 상당수의 사람이 기초 지식을 단단히 하지 못한 채로 재테크 시장에 쫓기듯이 진입하고 있거나 아예 회피하고 있다는 것을 느꼈습니다. 투자와 투기를 구분하지 못하고 계신 분들이 많았어요. 경험이 부족한 저에게도 그게 보였습니다. 마치 도움을 받지 못하는 저의 미래를 보는 것 같았어요.

저와 친구들도 이제는 직접 벌어들이는 수입만으로는 살아가기 힘들다는 이야기를 주변에서 많이 듣고 있습니다. 착실히 일해서 통장에 월급을 쌓아가는 것이 미덕이던 과거와는 다른 세계가 이미 시작되었다는 걸 느껴요. 나중에 사회로 들어갈 저에게, 이 책을 읽은 분들의 성공 경험담이 또 다른 가이드가 되길 바랍니다.

공동저자를 해서 스펙을 쌓으란 아빠의 유혹을
과감하게 뿌리친 딸내미로부터

오늘부터 경제수업

초판 1쇄 인쇄 2024년 2월 21일
1판 3쇄 발행 2024년 5월 15일

펴낸곳   Prism
발행인   서진

지은이   한재민

편집   성주영

마케팅   김정현 · 이민우 · 김은비
영업   이동진

디자인   양은경

주소   경기도 파주시 회동길 527 스노우폭스북스 빌딩 3층
대표번호   031—927—9965
팩스   070—7589—0721
전자우편   edit@sfbooks.co.kr
출판신고   2015년 8월 7일 제406—2015—000159

ISBN 979-11-91769-64-7 (03320)
값 18,900원

스노우폭스북스는
"이 책을 읽게 될 단 한 명의 독자만을 바라보고 책을 만듭니다."